La saga des Saxe-Cobourg

DU MÊME AUTEUR

Le Livre noir des tyrans, First, 2015.

Trésors royaux, Racine, 2014.

Elisabeth de Belgique, une reine entre guerre et paix, Payot, 2014.

De Jules César au roi Philippe, Racine, 2013.

Albert II, l'homme et le roi, Racine, 2013.

50 destins royaux, Avant-Propos, 2013.

La Grande Histoire de la Belgique, Perrin, 2013.

Lilian, princesse entre ombres et lumières, Racine, 2012 (écrit avec SAR la princesse Esmeralda de Belgique).

Charlotte, l'empire de la folie, Point de vue, 2011.

Dans l'intimité des rois de France, Chronique, 2011.

La Reine Carla, Rocher, 2010.

Histoire de la sculpture, Librio, 2008.

Histoire de l'architecture, Librio, 2008.

Reines, princesses et intrigantes, Hachette Pratique, 2010.

Vive les rois ! JC Lattès, 2009.

Les Rois de France, Hachette, 2008.

La Face cachée des rois de France, Toucan, 2008.

Diana, princesse brisée, Timée, 2007.

Les Grimaldi, Timée, 2007.

Amours royales et princières, Racine, 2006.

Histoire de l'art, Librio, 2005.

Belgique royale, Racine, 2005.

Rois de France, Librio, 2004.

L'Année place Royale, Luc Pire/RTL TVI, 2004.

Albert II, un roi en famille, Racine, 2004.

Dix princesses, Racine, 2002.

L'Amour couronné, Librio, 2002.

Elisabeth de Belgique, l'autre Sissi, Payot, 1998.

Le Guide de la Belgique royale, Collet, 1997.

www.patrick-weber.com

Patrick Weber

La saga des Saxe-Cobourg

PERRIN
www.editions-perrin.fr

12, avenue d'Italie
75013 Paris
Tél. : 01 44 16 09 00
Fax : 01 44 16 09 01
www.editions-perrin.fr

ISBN : 978-2-262-03674-4

Au roi Philippe et à la reine Mathilde,
qui partagent le goût de lire et la passion de l'histoire.

INTRODUCTION

Cobourg, la fabrique des rois

Le souvenir est assez précis pour ne pas solliciter la mémoire et pourrait même se résumer en un seul mot : quiétude. Lorsque je suis arrivé pour la première fois à Cobourg, j'ai été frappé par le calme qui se dégageait de cette petite ville, discrètement lovée au nord de la Bavière. Cela faisait longtemps que je m'étais promis de découvrir ce lieu dont la renommée dépassait le nombre de visiteurs à l'année. J'avais envie de vagabonder et je m'étais interdit d'établir un itinéraire rigoureux. Mes pas m'ont d'abord mené sur la place du Marché. En son centre, une petite échoppe proposait aux amateurs une des spécialités culinaires locales, les saucisses cuites sur des pommes de pin. Rassemblé dans un voisinage inattendu, l'étal jouxtait la statue majestueuse d'Albert de Saxe-Cobourg et Gotha, prince consort d'Angleterre, époux de la reine Victoria et manifestement grand personnage du lieu. A Cobourg, tout respire l'ordre, la discrétion et la propreté. Selon la formule consacrée des guides de voyage, c'est un peu comme si le temps n'avait aucune prise sur la petite ville pittoresque et ignorée des grands circuits touristiques. Comparés à Vienne ou à Londres, peu nombreux sont les voyageurs qui passent ici. Probablement ignorent-ils la riche histoire de cette ville dont la seule évocation du nom est pourtant synonyme de puissance.

Le froid est piquant en cette matinée de mars mais une belle lumière enveloppe le théâtre des heures glorieuses. Au sommet de l'hôtel de ville datant de la fin du XVIe siècle flotte l'emblème de la cité dont la discipline héraldique nous enseigne qu'il s'agit d'« or au Noir aux lèvres de gueules portant une boucle d'oreille d'or ». J'apprendrai bientôt que ce personnage n'est autre que Maurice d'Agaune, le patron négroïde de la cité que les nazis, dès leur arrivée au pouvoir, eurent à cœur de remplacer par une croix gammée. Face au Rathaus, l'hôtel de ville, s'élève le Stadthaus, un bâtiment d'Etat hérité d'une autre gloire locale, Jean-Casimir, l'inaugurateur de la longue lignée des ducs de Saxe-Cobourg. Petit à petit, les premiers acteurs de la saga familiale prennent place sur la scène.

Que suis-je venu faire ici ? Trouver des explications à une extraordinaire réussite. J'ai toujours été fasciné par le destin de cette famille appelée à accéder aux plus hautes positions à travers l'Europe monarchique. Mais, comme pour chaque histoire, il faut toujours commencer par le début pour en saisir les enjeux et ne pas se perdre dans les méandres de ses ramifications. Alors, pourquoi Cobourg ? Qui sont les personnages de cette illustre famille ? Et comment toute cette aventure a-t-elle commencé ? Mentionnée pour la première fois il y a un millénaire, la ville de Cobourg a été entre 1586 et 1918 la modeste capitale d'une principauté comme le Saint Empire romain germanique en comptait pléthore. La famille qui régna pendant des siècles sur ce petit territoire était issue d'une branche cadette (on parle en l'occurrence de la branche ernestine) de la maison de Saxe. La lignée de Saxe-Cobourg a engendré les deux maisons qui se sont succédé sur le trône, les Saxe-Cobourg-Saalfeld et, plus tard, les Saxe-Cobourg-Gotha.

Pour tout touriste qui foule cette terre – et je me sens aujourd'hui dans la peau de l'un d'entre eux –, la découverte de Cobourg passe par les trésors qui font l'orgueil de la ville. A tout seigneur, tout honneur, je me dirige vers le château ducal appelé Ehrenburg qui abrita la famille régnante du milieu du XVIe siècle jusqu'à la fin de la Première Guerre mondiale. Mû par la curiosité, je pousse la porte de l'austère église Saint-Maurice ainsi que du très beau Landestheater Coburg, un théâtre aux parfaites proportions néoclassiques. Mais après avoir posé la question à quelques habitants de la ville, c'est bien sûr de l'imposante Veste qu'ils restent les plus fiers. Néanmoins, la conquête de ce joyau se mérite. Pour accéder à ce vaste château fortifié, il faut traverser le parc et gravir la colline. La forteresse compte parmi les plus grandes d'Allemagne et a acquis le surnom imagé de « couronne de Franconie ». Quelque peu essoufflé, j'arrive face à sa triple enceinte et je décide de visiter le musée qu'elle renferme aujourd'hui. Riche et passionnante, l'institution fait notamment le bonheur des amateurs d'histoire, d'arts décoratifs et de souvenirs militaires. Les férus de botanique ne sont pas en reste et découvrent la Roseraie, le joli parc du centre-ville, mais en ce début de printemps les frimas cobourgeois n'ont pas encore dit leur dernier mot et il est donc loin de révéler toute sa splendeur.

Qu'importe d'où l'on part et où l'on va, les rues de la petite cité nous ramènent toujours en son centre, comme si Albert de Saxe-Cobourg demeurait, aujourd'hui encore, le grand héros du lieu. En somme, Cobourg ressemble à beaucoup d'autres petites villes allemandes, pour autant qu'elles aient échappé aux bombardements de la dernière guerre. Ici, rien ne respire la grandeur, ni l'ambition immodérée. Tout semble y être sage et raisonnable, comme si un homme né sur ces terres épris d'harmonie et de rectitude veillait à ne jamais sortir de sa condition. Nichée loin des regards indiscrets, au cœur des riches forêts de Thuringe, la cité aime la nature qu'elle domestique en son centre et dont elle respecte l'aspect sauvage en dehors de ses murs. Le collectionneur de souvenirs dynastiques que je suis est toujours en quête de trésors mais je dois me rendre à l'évidence, la ville n'a pas succombé à la fièvre des boutiques de souvenirs. Pas question ici de dénicher un thermomètre Albert, un cookie Léopold ou une théière Victoria. Les Cobourgeois sont conscients de la richesse de leur histoire mais ils ont évité d'en faire une attraction touristique comme à Vienne, Versailles ou Windsor. Ici, l'on a le souci de conserver une sérénité conforme à l'esprit du lieu. Vraie ou fausse modestie ? Je me pose la question sans oser avancer de réponse.

Et pourtant, cette petite ville où de rares badauds photographient la statue d'un prince consort anglais fièrement campé sur la place du Marché est à l'origine de la plus formidable aventure dynastique du XIXe siècle. Plus forte que les Habsbourg, plus durable que les Hohenzollern, plus moderne que les Bourbon, plus pragmatique que les Hanovre… la fabrique Cobourg des rois est au cœur de l'Europe monarchique. Elle en constitue même la racine primordiale. Aujourd'hui encore, la famille est solidement assise sur deux trônes de la vieille Europe, sans compter les multiples connexions avec les autres dynasties régnantes ou ayant régné. L'air de rien, cette petite ville trop paisible pour ne pas être passionnante a métamorphosé le visage de l'Europe royale. C'est ici, dans cette discrète Thuringe, à l'ombre de la sombre Veste que l'incroyable saga des Cobourg a commencé. C'est ici, au cœur du dispositif Cobourg que commence mon voyage dans l'Histoire, sur les traces de ces destins qui ont façonné notre continent depuis deux siècles.

PREMIÈRE PARTIE

LÉOPOLD, LE PÈRE ET L'ONCLE DE L'EUROPE ROYALE

La bonne fortune de la famille Cobourg repose sur plusieurs facteurs. Comme toujours lorsqu'on envisage une ascension familiale, il faut compter avec un peu de chance et, dans une certaine mesure, des circonstances extérieures propices. Mais il faut aussi compter avec l'ambition, moteur indispensable de toute réussite. A la manœuvre, apparaît l'un des plus grands hommes d'Etat du XIXe siècle et, paradoxalement, aussi l'un des plus méconnus. Léopold de Saxe-Cobourg a été injustement relégué au second rang des personnages clés de l'histoire, seulement pour n'avoir été que le souverain d'un petit et récent royaume. Certes, il n'a pas conquis un empire à la manière de Napoléon ou régné sur un royaume prestigieux comme Louis-Philippe mais il a mis en place une extraordinaire mécanique politique et dynastique qui porte encore ses fruits, deux siècles plus tard.

Redoutable renard, habile animal politique, Léopold a réussi à combiner deux traits de caractère souvent antagonistes : l'ambition et la raison. Homme pragmatique, il a mis en pratique les leçons reçues durant sa jeunesse et s'est attaché à garder la tête sur les épaules, sans se laisser griser par les succès. Le prince a connu trop de revers du destin pour se laisser bercer par la dangereuse illusion que les choses sont acquises dans la vie. Son éducation luthérienne et l'époque troublée dans laquelle il naît façonneront un caractère unique dans la grande galerie des princes du début du XIXe siècle. En quelques années, ce « Monsieur de petit à petit », comme le surnomment ses adversaires, va réussir à étendre l'emprise de la famille de Cobourg de Bruxelles à Londres, de Vienne à Mexico et de Lisbonne à Paris. Une réussite d'autant plus éclatante qu'elle ne s'accompagne d'aucune conquête sanglante.

La manière Cobourg associe avec adresse les relations familiales, les tractations diplomatiques et les indispensables alliances matrimoniales. Le modèle léopoldien vise aussi à mettre en place une forme de monarchie qui répondrait aux réalités de l'époque. Une couronne libérale et parlementaire qui continuerait à jouer un rôle actif en manière politique. Né d'une famille issue de l'Ancien Régime, le cobourgisme apparaît comme une nouvelle voie pour un système monarchique européen à bout de souffle. Il cohabite – sans états d'âme – avec d'autres pays et parfois même de proches cousins chez lesquels l'absolutisme reste de mise. Pour autant, Léopold ne renoncera jamais à dispenser ses leçons de bonne gouvernance, au risque d'apparaître comme la voix du commandeur, toujours disposé à livrer sa vérité. Un mentor discret et génial qui va imposer la race Cobourg à l'échelle d'un continent.

1

A Cobourg, Sophie-Antoinette, une grand-mère ambitieuse

Le 16 décembre 1790, la petite ville de Cobourg s'associe, tout entière, au bonheur de sa famille régnante. Certes, après sept naissances, un nouvel accouchement princier n'est plus vraiment un événement mais les bonheurs qui concernent la famille ducale touchent les habitants de ce confetti du Saint Empire.

Quelle heureuse nouvelle ! La princesse Augusta Reuss d'Ebersdorf und Lobenstein, seconde épouse du futur duc François Frédéric de Saxe-Cobourg-Saalfeld, vient de mettre au monde un huitième enfant. De l'avis général, il s'agit d'un très beau bébé, robuste et, ce qui ne gâche rien, peu bruyant. Au sein de la famille, c'est la rigide princesse Sophie-Antoinette qui se montre la plus enthousiaste. Cette grand-mère énergique se réjouit de chaque nouveau bourgeon qui éclôt au sein de son clan. Son Altesse est convaincue que la puissance de la famille dépendra, avant tout, de sa capacité à étendre son arbre généalogique.

Insigne honneur, le nouveau-né reçoit le prénom de Léopold en hommage à son parrain qui règne alors sur le Saint Empire germanique. Le jeune Léopold vit ses premières années avec sa famille dans une demeure de la Steingasse, en face de l'imposant château de son grand-père le duc Ernest-Frédéric. L'enfant a la chance de grandir dans une famille unie. Particulièrement proche de ses sœurs, il noue des liens solides au sein de la fratrie. Il a aussi la chance d'être préservé des calculs dynastiques. Qui se préoccupe du fils cadet issu d'une très discrète famille ducale ? Cobourg ne pèse pas bien lourd sur l'échiquier européen. Le duché est certes respecté mais il demeure modeste et ses maîtres savent qu'ils sont condamnés à nouer de bonnes alliances s'ils veulent se hisser à la hauteur d'autres familles régnantes.

Parmi tous les membres de la famille, la grand-mère de Léopold, la duchesse Sophie-Antoinette apparaît sans conteste comme le véritable chef de famille. Née dixième des dix-sept enfants du duc de Brunswick-Wolfenbüttel, Ferdinand Albert II, elle est ce qu'on appelle une femme à poigne. Sophie-Antoinette a toujours aimé la politique et rêvé de trônes prestigieux. Elle se sent à l'étroit dans les frontières étriquées du petit duché dont elle a épousé le souverain Ernest-Frédéric. Sur ce chapitre, elle est résignée. Elle sait que, pour elle, les dés sont jetés et qu'elle ne pourra jamais changer le cours du destin mais elle se console en se convainquant qu'elle concrétisera ses rêves de grandeur à travers ses descendants et, plus précisément, la jeune génération. La grand-mère est réaliste et elle ne se fait guère d'illusions au sujet de son fils, le futur duc, et de sa belle-fille Augusta Reuss d'Ebersdorf. C'est au rang des petits-enfants qu'il faut livrer bataille.

Fière et impérieuse, la duchesse régente tout son petit monde d'une main de fer. Il n'hésite pas à commander Cobourg comme elle l'aurait fait d'un vaste empire, faisant preuve de rigueur et de sévérité. Elle ne se contente pas de régner de manière absolue, elle dépense aussi sans compter afin de garantir le train de vie de la famille. Elle sait aussi se montrer généreuse envers ceux qu'elle apprécie, au point de grever les finances de l'Etat. Très soucieuse de l'éducation du jeune prince Léopold, elle multiplie les ordres et les conseils le concernant. Outrepassant parfois son rôle de grand-mère, elle n'hésite pas à le faire dormir dans sa chambre. L'aïeule lui raconte des histoires teintées de gloire et ce dernier l'écoute religieusement. Elle lui inculque la conscience du prestige familial et lui loue les vertus d'une bonne politique d'alliance avec les familles régnantes. Le jeune Léopold est un élève attentif qui suit les enseignements de ce professeur qu'il respecte infiniment. En dépit de l'âge qui les sépare, une relation de profonde connivence unit la grand-mère et son petit-fils.

En 1800 meurt le duc Ernest-Frédéric, époux de Sophie-Antoinette et grand-père de Léopold. Ce grand événement familial, le premier auquel est confronté le petit prince, change la position de l'ambitieuse grand-mère qui devient duchesse douairière et veuve après plus d'un demi-siècle de mariage. Sophie-Antoinette est parfaitement consciente qu'elle ne sera jamais la grande souveraine qu'elle a toujours rêvé de devenir. Elle n'a d'autre choix que celui de reporter ses aspirations sur ses petits-enfants et surtout sur les frêles épaules d'un cadet. Elle le fait avec d'autant plus d'énergie que son propre fils n'est, à ses yeux, pas à la hauteur.

C'est peu de dire que François-Frédéric, le père de Léopold, ne poursuit pas les rêves de grandeur de sa mère. De l'avis général, il apparaît comme un homme calme, pondéré, et surtout, un aristocrate raisonnable. Tout le contraire d'un ambitieux et, encore moins, d'un prince aventurier. Mais ce tempérament réservé ne l'empêche pas de nourrir des passions qui lui sont propres, il aime passionnément la nature et consacre la plupart de son temps libre à l'étude de la botanique. En élève appliqué, le petit Léopold écoute sagement les enseignements de son père qui tourne les pages des ouvrages savants de sa bibliothèque. L'élégant château jaune de Rosenau constitue l'écrin bucolique de cet amour de la nature qui ne se démentira jamais. Le jeune Léopold paraît d'autant plus heureux que son avenir semble déjà tout tracé, dans la douce quiétude du duché familial. Mais c'est compter sans l'ambitieuse *Grossmutter* qui rêve de gloire familiale et de trônes prestigieux.

Si elle a renoncé depuis longtemps à s'en remettre à son fils pour accomplir ses rêves de grandeur, Sophie-Antoinette a reporté toutes ses ambitions sur ses petits-enfants. Par l'un de ces liens privilégiés qui se tissent parfois entre les générations, Sophie affirme sa tendresse particulière pour le petit Léopold auquel elle transmet son expérience et, peu à peu, ses ambitions. La vieille duchesse meurt à Cobourg en 1802, deux ans après son époux. Pour le jeune Léopold qui n'a que douze ans, ce décès prend des allures de drame familial. Sa chère grand-mère ne pourra hélas jamais entrevoir la gloire future de son clan et encore moins imaginer qu'elle comptera parmi sa descendance des personnages aussi prestigieux que le prince Albert et la reine Victoria d'Angleterre, le roi Ferdinand II de Portugal, le roi Léopold II des Belges, le tsar Boris III de Bulgarie ou encore l'impératrice Charlotte du Mexique. Comment aurait-elle pu prévoir l'incroyable réussite d'une famille dont certains, dans les grandes cours d'Europe, ignoraient encore jusqu'à l'existence ?

2

A Saint-Pétersbourg, mariage à la russe pour Julienne de Cobourg

S'ils veulent conquérir la fortune, les Cobourg ont compris qu'ils devront aller la chercher plus loin que leurs profondes forêts de Thuringe. Et c'est plus précisément, du côté de Saint-Pétersbourg que se portent leurs regards.

Au crépuscule de sa vie, la toute-puissante tsarine Catherine II s'est mise en quête d'une épouse honorable pour son second petit-fils Constantin (auquel elle voue une affection toute particulière). A la fois russe d'adoption mais toujours germanophile et allemande de naissance, l'impératrice entend trouver la perle rare dans l'inépuisable vivier de princesses que constitue la mosaïque d'Etats issus du vieux Saint Empire germanique. Elle envoie donc en éclaireur le général Andreï Iakovlevitch afin de dénicher la perle rare. En chemin, l'émissaire impérial tombe malade et s'arrête à Cobourg où le roué baron Christian Friedrich Stockmar lui chante avec talent les louanges de la famille régnante. Informée de ces contacts et curieuse de la piste thuringeoise, Catherine II invite en 1795 Augusta de Saxe-Cobourg et ses filles – les sœurs aînées de Léopold – à se rendre dans la capitale russe. Officiellement, il ne s'agit bien sûr que d'une visite de courtoisie mais, de manière beaucoup plus officieuse, l'objectif de cette mission est d'aller présenter les jeunes Cobourg en espérant que l'une d'entre elles retiendra l'attention de la souveraine. De toute façon, on ne discute pas les désirs de l'impératrice et, du côté des Cobourg, on se réjouit déjà des multiples avantages que l'on pourrait tirer d'une union aussi prestigieuse. Entre espoir et appréhension, Augusta prend la route de la Russie accompagnée de ses trois filles : Sophie, Antoinette et Julienne. L'heure de l'expansion du petit duché aurait-elle enfin sonné ?

Accompagnées de leur mère, les trois provinciales n'en croient pas leurs yeux en découvrant les palais colorés, les canaux et les coupoles dorées de Saint-Pétersbourg. Tout est si grand et si beau en ce lointain empire, et surtout, tout leur apparaît tellement différent de ce qu'elles ont connu pendant leur enfance. Quand elle découvre ses invitées, l'impératrice ne prend pas la peine de dissimuler sa déception. Contrariée, elle ordonne que les jeunes Allemandes changent de robe et passent entre les mains expertes des coiffeuses avant d'être officiellement présentées à la cour. L'ordre est humiliant mais il se révèle indispensable si les jeunes femmes veulent avoir une chance d'apparaître à leur avantage face à l'arrogante aristocratie russe. Même la grande-duchesse Elisabeth – qui était pourtant l'une des plus ardentes partisanes d'un mariage allemand – ne semble plus très enthousiaste à cette idée. Après un examen minutieux des candidates, seule la jeune Julienne trouve grâce à ses yeux. Elle pointe ses cheveux bruns, ses yeux vifs ainsi que sa bouche joliment dessinée. En dépit de ces premières approches plutôt mitigées, ce n'est que le début d'une suite impressionnante de fêtes impériales qui passent par des bals à la cour, des feux d'artifice sur la

Neva, des concerts et des promenades en traîneau dans la neige. Difficile de ne pas avoir la tête qui tourne face à tant de splendeurs. Il convient cependant de ne pas oublier les raisons du voyage et de maîtriser rapidement l'art de la séduction pour conclure une alliance. C'est du moins ce que pense Augusta.

Sophie, Antoinette et Julienne sont présentées au prince Constantin. Quand il découvre les candidates, Son Altesse ne succombe pas à leur charme. Pire, il se moque de l'exotisme de ces provinciales ! Son autoritaire grand-mère ne goûte cependant pas la plaisanterie. La grande Catherine le somme même d'arrêter son choix parmi le cheptel Saxe-Cobourg. Contraint d'obéir, le prince jette finalement son dévolu sur la plus jeune et aussi la plus jolie. *Alea jacta est* : la pauvre Julienne sera donc sacrifiée à la nouvelle fortune de la famille Cobourg. Rassurée, Augusta ne cache pas sa joie. Elle écrit à la famille et se montre particulièrement enthousiaste. Elle force même le trait en affirmant qu'il n'existe pas sur cette terre deux jeunes gens qui concentrent autant de qualités d'âme et de morale. Jamais elle n'oubliera le moment béni où Constantin lui a fait sa demande officielle, selon les règles établies. Jamais elle n'a vu sa fille plus jolie et, de son côté, la grande-duchesse Elisabeth se rassure en constatant que Constantin est très amoureux et surtout très heureux. Dans les chancelleries européennes, on plaint la pauvre Julienne, menée comme une innocente victime au Minotaure. Mais qui dit mariage pense aussi séparation familiale. Augusta n'avait pas mesuré la difficulté du moment où il faudrait retourner à Cobourg. Elle souhaiterait encore passer quelque temps à Saint-Pétersbourg pour tenir compagnie à sa fille mais l'intransigeante impératrice Catherine ne veut pas entendre parler de ce projet. Selon elle, la duchesse a accompli sa mission et il lui faut à présent retourner dans son pays avec les deux Cobourg (encore) célibataires. Au moment de la séparation, Julienne n'arrive pas à tarir le flot de ses larmes. Entre deux sanglots, elle s'interroge dans une voix étranglée : pourquoi faut-il que le malheur succède aussi vite à la joie ? La vérité est que la jeune femme est loin d'être assurée de trouver le bonheur dans sa vie de couple. Le 26 février 1796, Julienne de Saxe-Cobourg-Saalfeld épouse le grand-duc et fait officiellement son entrée dans la famille des Romanov.

La princesse commence alors une nouvelle vie, à mille lieues de son sage Cobourg. Il lui faut suivre des cours intensifs et, sur ce chapitre, rien n'est laissé au hasard. Afin de devenir une princesse digne de ce nom, la petite provinciale doit apprendre à danser, jouer de la musique, connaître l'histoire de sa nouvelle famille, apprendre la langue russe et, surtout, devenir une bonne orthodoxe. L'ancienne Julienne von Saxe und Coburg est gommée de l'Almanach de Gotha et renaît sous le nom de Julie Anna Feodorovna. Conséquence directe de ce beau mariage dynastique, la situation des Cobourg s'améliore rapidement. Il s'agit de profiter de la nouvelle donne familiale, sans perdre un instant ! La chasse aux charges est ouverte et, dans cette quête aux honneurs, le jeune prince Léopold n'est pas oublié. Il gravit rapidement les échelons dans la hiérarchie de l'armée russe en étant nommé capitaine à six ans et colonel un an plus tard.

L'union, parfaite sur le papier, se révèle être une catastrophe humaine et sentimentale. Le grand-duc Constantin s'intéresse beaucoup plus au bien-être de ses régiments qu'aux états d'âme de son épouse. Pire, il se montre à la fois odieux, cruel et brutal envers elle. Il prend plaisir à faire souffrir les animaux et assouvit, dès qu'il le peut, ses penchants sadiques. Il la menace, lui jette des vases chinois à la tête, au point que la malheureuse est obligée de se réfugier dans ses appartements pour se protéger. Décidément cruelle, Son Altesse impériale ne manque pas une occasion de se moquer de son épouse qu'elle juge provinciale et dépourvue de toute élégance. Pour ne rien arranger, Julienne est confrontée à une hostilité quasiment générale de la cour saint-pétersbourgeoise. La situation empire encore après la mort de Catherine II, quelques semaines après le mariage en 1796. Le choc est tel que Julienne s'évanouit lors des funérailles. Son fils Paul Ier lui succède et Julienne doit affronter l'inflexible impératrice Sophie-Dorothée (devenue Marie Feodorovna à la mode russe) dont la famille de Wurtemberg exècre cordialement les Saxe-Cobourg. La rivalité est d'autant plus forte que les Cobourg continuent à pousser leurs pions sur l'échiquier impérial. Nouveau coup de maître, la princesse Antoinette, la deuxième fille du clan Cobourg, convole avec Alexandre de Wurtemberg, le frère de l'impératrice. Le couple s'installe en Russie où Alexandre mène une carrière politique et militaire. Lentement mais sûrement, les Cobourg prennent racine sur les rives de la Neva.

Mais cela n'arrange pas les affaires de Julienne-Anna qui devient, à son corps défendant, l'ennemie personnelle du tsar Paul Ier. Le nouvel empereur a toujours détesté sa mère ainsi que tous les choix qu'elle a posés, dont celui du mariage de son fils avec Julienne. Dans cet entourage hostile, la malheureuse Cobourgeoise ne peut compter que sur le soutien de sa belle-sœur la grande-duchesse Elisabeth Alexeïevna qui lui apportera toujours son réconfort. Paradoxalement, cette ambiance délétère n'empêche pas Julienne de s'épanouir sur le plan physique. Elle se révèle de plus en plus charmante et a parfaitement intégré tous les codes et usages de la cour.

De son côté, Constantin mène une vie de débauche et d'excès. Il contracte la syphilis, une maladie honteuse qu'il transmet à son épouse. Face au terrible diagnostic, les médecins conseillent à cette dernière de suivre une cure en Bohême, une excuse rêvée pour fuir cette Russie honnie et surtout un époux qu'elle ne peut plus voir en peinture.

Constantin est pris de remords. Il fait amende honorable et l'implore de revenir vivre en Russie. Julienne refuse avec aplomb et espère, non sans naïveté, que sa famille la soutiendra dans ce choix. Inutile de préciser qu'à Cobourg, personne ne l'entend de cette oreille. La position sociale de Julienne compte bien plus que ses états d'âme et elle est contrainte de retourner vivre en Russie. Si le grand-duc fait preuve – au début – d'une certaine bonne volonté afin de ne pas la brusquer, cela ne l'empêche pas de débuter une énième relation extraconjugale. Une nouvelle fois, Julienne voit sa santé et son moral décliner. Désormais, elle n'a plus peur de dire haut et fort qu'elle rêve de divorce, une éventualité déshonorante à laquelle s'oppose fermement le tsar Paul Ier. L'assassinat de ce dernier en 1801 n'arrange pas la situation de la pauvre Julienne qui finit par être accusée d'infidélité avec un commandant de cavalerie. N'est-ce pas le comble quand on connaît le comportement volage de son époux depuis le début de leur mariage ? Mais il ne se trouve personne pour prendre la défense d'une princesse présentée comme une femme infidèle. Par peur et aussi par dégoût, Julienne décide de quitter cette Russie qui ne lui a apporté que douleurs et désillusions.

En 1808, elle voyage en Suisse où naît son fils Edouard, issu de sa liaison avec un aristocrate français Jules-Gabriel-Emile de Seigneux. Si la mère est heureuse, l'amante l'est beaucoup moins. Seigneux n'est pas l'homme parfait que

Julienne avait espéré et elle se console en entamant une relation amoureuse avec un Suisse, théologien devenu chirurgien, nommé Rudolf Abraham Shiferli. De cette union naît une fille prénommée Louise Hilda Agnès. Après sa victoire contre Napoléon, son beau-frère le tsar Alexandre Ier – qui ne renonce pas à ramener la concorde dans la famille – tente de recoller les morceaux du couple désuni mais, cette fois, Julienne ne cède pas. Pour autant, le divorce est loin d'être acquis car il en va du prestige des deux familles régnantes. Comment envisager le futur des Cobourg s'ils se mettent à briser les liens sacrés du mariage et de la politique ? En 1820, le mariage est enfin dissous, au grand soulagement de la sœur de Léopold de Saxe-Cobourg. Quelques mois plus tard, Constantin épouse sa maîtresse Joanna Grudzinsky, un mariage certes morganatique mais qui consacre officiellement la séparation du couple terrible.

Julienne se retrouve dans la situation délicate d'une grande-duchesse divorcée et craint de ne plus retrouver sa place au sein de la société européenne. C'est tout le contraire qui se passe, elle fait même l'objet d'une bienveillance générale, comme si l'aristocratie avait compris qu'elle avait été, en fin de compte, l'innocente victime d'un terrible marchandage matrimonial. Pire, une brebis innocente menée à l'ogre russe. Pour son exil et sa tranquillité, Julienne choisit la Suisse où elle s'établit à Berne. Dans sa ferme d'Elfenau, elle donne libre cours à sa passion pour la musique et reçoit les meilleurs artistes de son temps. Elle accueille aussi les membres de sa famille qui, entre-temps, lui ont pardonné son fiasco matrimonial. Parmi les plus fidèles, elle peut compter sur son frère, le prince Léopold qui, toujours aussi raisonnable, la met plusieurs fois en garde contre ses tendances dépensières. La situation est d'autant plus préoccupante que la princesse a déjà été contrainte de vendre une grande partie de ses bijoux.

En 1831, Julienne a la douleur de perdre sa mère, la duchesse de Cobourg et, quelque temps plus tard, son époux jadis honni, mais avec lequel elle avait réussi à panser ses plaies. En 1837, c'est au tour de Shiferli de rendre son dernier soupir, des suites d'un long et pénible typhus. La princesse se retire ensuite pendant quelques années dans une demeure plus modeste, le chalet de La Boissière, à Genève. Dans une ambiance très puritaine, la princesse ne peut donner libre cours, comme elle l'a si souvent fait, à son amour pour la musique et le théâtre. Elle retrouve finalement le domaine d'Elfenau, où elle rend son dernier soupir le 15 août 1860. A sa mort, l'Europe impériale a oublié depuis longtemps la jolie Julienne de Cobourg devenue Anna Feodorovna par l'entremise d'un mariage raté. Mais il se trouve quand même quelques gazettes pour louer la bonté extrême de cette altesse impériale qui avait connu autant de malheurs tout au long de sa vie. Après tout, la fin ne justifie-t-elle pas les moyens et l'ascension des Cobourg ne mérite-t-elle pas quelques naufrages affectifs ?

3

A Paris, Léopold et Ernest, deux frères à la cour de Napoléon

A mille lieues des subtiles négociations matrimoniales cobourgeoises, les cours d'Europe tremblent. La Révolution française a engendré la terreur et des régimes corrompus, avant de glisser vers l'autoritarisme bonapartiste. Elle a finalement engendré un Aigle impérial qui fait trembler les princes et vaciller leurs trônes.

C'est bien connu, Napoléon ne craint rien ni personne. Dans sa frénésie de redessiner les contours de l'Europe, il balaie le Saint Empire et crée en 1806 la Confédération du Rhin. Avec prudence, Cobourg demeure neutre dans cette affaire mais cela ne protège pas pour autant le duché des ambitions françaises. Les soldats de l'Aigle occupent le territoire et la famille régnante est sommée de demeurer à son domicile. Pire, elle est assignée à résidence, prisonnière dans son propre château. Le jeune Léopold est traumatisé par cette agression étrangère. Il comprend que, malgré la distance et les alliances, le petit duché n'est pas à l'abri des orages européens. Il souffre d'autant plus que son père François de Saxe-Cobourg-Saalfeld, profondément atteint par l'invasion, s'éteint dans ces heures tragiques. Ce prince érudit qui n'était pas fait pour les subtilités politiques a toujours été un père aimé par ses enfants. Collectionneur de livres et fin lettré, il savait se montrer passionnant lorsqu'il transmettait son savoir à son abondante progéniture. En 1805, il avait accompli un vieux rêve en acquérant le charmant château de Rosenau. Si les origines de cette vaste demeure remontent au Moyen Age, elle devint, au fil du temps, une maison très agréable à vivre. A l'ombre des frondaisons du parc et au fil des ans se succédèrent le baron von Parnau qui y observait les oiseaux, puis le duc de Saxe-Gotha-Altenburg. François connaissait déjà bien ce petit bijou d'architecture avant de pouvoir l'acquérir. La demeure nichée en pleine nature combla cet amateur de la botanique et des grandes promenades en forêt. Hélas, il ne put pas profiter bien longtemps de ce havre de paix qui était devenu la résidence estivale de la famille. Plus tard, les jardins seront redessinés à la mode anglaise, se parant de belles perspectives et de lacs artificiels. La demeure elle-même sera adaptée à la mode néogothique du temps, le nouveau duc allant jusqu'à lui adjoindre des crénelages plus médiévaux que nature. Bien évidemment, une tour en ruine est conservée pour renforcer l'impression romantique qui se dégage du domaine. Au fil des générations, la famille de Cobourg aimera passionnément cette résidence aussi bucolique qu'élégante et le prince Léopold en conservera, sa vie durant, une douce nostalgie.

Mais, pour l'heure, l'humeur de la dynastie n'est pas aux délices de la villégiature. Malgré son jeune âge, Léopold fait l'amère expérience des heures sombres, tout en découvrant les vertus des renversements d'alliance, même les plus improbables. Sur l'échiquier politique européen, Napoléon s'est allié au tsar. Devenue veuve,

Augusta veut saisir sa chance et plaider la cause de sa petite terre cobourgeoise. La duchesse joue le tout pour le tout et envoie ses fils à la rencontre de l'empereur des Français. Léopold et son frère Ernest prennent la route de Paris avec un ordre de mission on ne peut plus clair : rencontrer Napoléon et améliorer le sort de la famille autant que de son Etat. Pour son premier grand voyage et malgré la situation préoccupante de sa terre natale Léopold ne pouvait pas rêver mieux. Accompagnant son frère le jeune duc Ernest, il quitte son petit coin d'Allemagne pour découvrir avec gourmandise – et même une certaine exaltation – les paysages qui s'offrent à lui. Comme tous les jeunes princes de son temps, il rêve de Paris, l'ancienne capitale des rois sur laquelle règne alors sans partage l'usurpateur, ou plutôt, celui qu'il lui faudra bientôt appeler « notre allié l'Empereur ».

Les Cobourg débarquent à Paris le 14 octobre 1807. Une fois installés dans la capitale, les deux frères déchantent très vite. L'empereur qui réside à Fontainebleau avant de partir en Italie ne semble pas très pressé de les rencontrer. Une manière peu courtoise de leur signifier que Cobourg ne pèse pas lourd sur l'échiquier politique européen et qu'il a d'autres priorités. Mais s'ils ne rencontrent pas tout de suite Napoléon, Ernest et Léopold sont en revanche bien reçus par l'impératrice Joséphine et sa fille la reine Hortense qui se prennent d'affection pour le jeune prince. N'est-il pas charmant, ce Léopold, mince et beau jeune homme avec son accent germanique, ses cheveux fins et son regard brun ? Enceinte de son troisième enfant, Hortense se console de son mauvais mariage avec Louis Bonaparte, roi de Hollande par la grâce de son frère l'empereur et mari éminemment jaloux, en conversant avec ce jeune prince aux manières affables et courtoises. Avec générosité, l'impératrice met à leur disposition sa loge à l'opéra et les deux jeunes Cobourg s'enflamment pour la vie culturelle trépidante de la capitale française. Léopold constate, non sans intérêt, que son charme est loin de laisser les dames indifférentes. Le prince qui avait été déniaisé à la mode ancillaire à Cobourg réalise très vite qu'en société, l'art de séduire peut se révéler très utile. D'ailleurs, Léopold ne doit même pas se forcer, il adore l'exercice ! Pour autant, tout n'est pas rose à Paris. A l'époque, l'Europe entière vient faire sa cour à l'ogre corse et la vieille noblesse est obligée d'avaler des couleuvres pour obtenir quelques miettes du gâteau impérial. Et tant pis si celles-ci se révèlent indigestes, ils n'ont pas le choix. Condamnés à l'oisiveté parisienne, Léopold et Ernest font du tourisme, découvrent les collections de peinture et se rendent à l'opéra. Quand ils rentrent du spectacle le soir, les deux frères n'ont plus assez d'argent pour réserver un fiacre et sont obligés de parcourir la capitale à pied – en bas et en souliers – pour regagner leur domicile. Très conscient de son rang grâce aux leçons prodiguées par sa grand-mère, le jeune Cobourg craint d'user ses souliers (qui, par ailleurs, lui font un mal de chien) sur les trottoirs de Paris, ou, pire encore, de les salir. Léopold est très conscient de ce qu'on n'appelle pas encore le pouvoir de l'image. Ce séjour parisien lui laissera, toute sa vie, un souvenir ambigu mêlé de joie intense de la découverte d'un nouveau monde et de profonde humiliation.

Finalement et probablement poussé par son épouse, Napoléon consent à recevoir les princes étrangers et, parmi eux, nos deux princes allemands. L'accueil est cordial mais l'Aigle reste vague dans ses promesses. Paradoxalement, ce qu'il retient surtout de cette visite, c'est le charme du jeune Léopold. L'empereur va jusqu'à lui décerner le qualificatif de « plus beau jeune homme rencontré aux Tuileries ». C'est dire si son apparition à la cour n'a laissé personne indifférent. Pour autant, il n'est jamais que le prince cadet d'une obscure principauté, perdue sur la carte d'un continent en feu. Il n'y a pas encore de quoi pavoiser et encore moins crier victoire ! Déçus, Léopold et Ernest prennent congé de l'impératrice et de sa fille qui les assurent, une fois encore, de toute leur affection. Dignes mais bredouilles, les princes plient bagage pour regagner Cobourg. Le jeune Léopold a encore la tête qui résonne de la musique des bals et des applaudissements au théâtre. Mais sa fierté aristocratique en a pris un coup, il enrage d'avoir été traité comme un vulgaire quémandeur, sans avoir réussi à obtenir ce qu'il était venu chercher. Alors, leur cause serait-elle définitivement perdue ? Pas si sûr…

En octobre 1810, Léopold retourne à Paris pour y rencontrer une deuxième fois Napoléon. Il plaide à nouveau la cause du duché, demande une aide financière à laquelle s'oppose le souverain français. Dans la foulée, il lui demande de rejoindre l'armée française. Il est impossible de refuser trop brutalement une telle proposition mais il est tout aussi impossible de l'accepter pour un prince comme Léopold, très attaché à ses racines. Malgré son âge, le prince démontre des qualités diplomatiques étonnantes et demande à son cousin le roi de Saxe d'intercéder en sa faveur. Très adroitement, il joue aussi sa carte maîtresse, la reine Hortense qu'il retrouve à Paris au début de l'année 1811. A vingt et un ans, le jeune Cobourg a compris les avantages de la diplomatie et des bonnes relations familiales. Choqué par la répudiation de Joséphine et le remariage avec Marie-Louise, la fille de l'empereur d'Autriche, Léopold assiste avec intérêt aux premiers revers de Napoléon. Le jeune Léopold a déjà pu mesurer tous les bienfaits des renversements d'alliance. Il ne doit rien à Napoléon et il n'a jamais oublié les liens familiaux avec la cour de Saint-Pétersbourg. Il rejoint l'armée du tsar Alexandre Ier et combat à Kulm au mois d'août 1813. Jamais Léopold n'a été aussi exalté, il brûle d'en découdre pour vaincre l'homme qui l'a humilié et retenu les siens sous une encombrante tutelle étrangère. Le prince charge, non sans courage, et les troupes françaises sont prises à revers par les Prussiens. Avec fierté, Léopold est décoré de la croix de Saint-Georges. Le tsar Alexandre a établi son QG à Bâle et Léopold y croise son beau-frère, le grand-duc Constantin. C'est à cette époque que le Cobourg fait la rencontre du milieu franc-maçon. D'aucuns affirment qu'il aurait été initié à Berne même si aucune preuve réellement tangible de cet engagement existe.

L'Aigle est à bout de souffle, il sera bientôt capturé par ses ennemis, mis en cage et envoyé en exil. Dès lors, la voie est libre. La France est à genoux et le tsar Alexandre victorieux entre à Paris. Pour Léopold qui vit cette scène historique avec émotion, le contraste est saisissant. C'est en vainqueur qu'il retrouve la ville où il était venu mendier quelques années plus tôt. Léopold n'est pas homme à oublier ceux qui l'ont aidé. Il joue les intercesseurs et favorise la rencontre du souverain russe et de l'impératrice répudiée Joséphine, ainsi que de sa fille, la belle reine Hortense. Grâce à ce jeune prince allemand qu'elles avaient si bien reçu au temps de leur splendeur, les deux femmes bénéficient de la mansuétude du vainqueur de Napoléon. Léopold apprend une nouvelle leçon : le pragmatisme politique n'exclut pas la fidélité en amitié. Et le tsar Alexandre, admiratif, caresse déjà d'autres projets pour ce prince qui, décidément, semble apprendre très vite.

4

A Londres, Charlotte de Galles, l'inoubliable épouse d'un Cobourg ambitieux

En 1814, le prince Léopold de Saxe-Cobourg met le cap vers l'Angleterre avec pour ambition de s'y tracer un destin. Malgré ses vingt-quatre ans, il a déjà accumulé assez d'expérience pour songer à se tailler un rôle à la mesure de ses talents.

Une épouse sale, débraillée et dépourvue de toute conversation digne de ce nom. Un mari gras, indélicat et impuissant, voilà les portraits rapidement brossés de George et de Caroline, les parents de la future reine d'Angleterre. On raconte même que le prince George avait exigé un verre de cognac pour se remettre de sa première rencontre avec celle qui allait devenir son épouse. Quel destin que celui de Charlotte, une jeune femme passionnée et avide de liberté ! Fille unique du régent (le futur roi George IV du Royaume-Uni) et de Caroline de Brunswick et héritière présumée du trône, Charlotte naît en 1796. Elle grandit dans un foyer déchiré et dans une cour à l'ambiance délétère sur laquelle règne Georges III de Hanovre, un roi plus anglophile que ses prédécesseurs mais qui avait sombré dans la folie. Son père et sa mère se haïssent au point d'étaler sur la place publique le spectacle de leurs querelles intimes. Caroline assume des mœurs très libres et alimente de nombreuses rumeurs qui portent atteinte à l'honneur de la famille royale. Parmi celles-ci, l'épouse frustrée laisse entendre que son mari le prince – qu'elle juge par ailleurs laid et gras – est impuissant. De son côté, George ne se prive pas de raconter qu'il n'a entretenu que de rares relations sexuelles avec son épouse aux mœurs légères, au point de les avoir comptées : trois au total !

En dépit de tous ces obstacles, le couple engendre une petite fille qui fait d'emblée l'objet de l'affection du peuple et du vieux roi George. Par volonté paternelle, il leur est quasiment interdit de se rencontrer mais l'habile Caroline fait preuve d'ingéniosité pour arriver à voir le plus souvent possible sa fille qu'elle adore. L'enfant est d'excellente constitution. Vive et joyeuse, elle peut parfois se révéler capricieuse et exaltée. Jour après jour, Charlotte assiste, impuissante, à la guerre sans pitié que se livrent ses parents. Un véritable affrontement conjugal dont elle constate, avec tristesse, les dégâts.

George est si déterminé à se débarrasser de son épouse honnie qu'il n'hésite pas à la traîner devant le tribunal pour faire reconnaître son adultère. Le scandale est immense à travers le pays et fait souffrir encore davantage la petite Charlotte qui grandit dans la tourmente, ballottée entre une escouade de précepteurs et de gouvernantes. Meurtrie, la princesse va jusqu'à feindre de ne pas reconnaître sa propre mère. Pour ne rien arranger, la position de George sur l'échiquier politique évolue, à mesure que la maladie mentale de son père s'aggrave. Alors qu'il est devenu régent du royaume, le mariage de sa fille se transforme en une affaire d'Etat de la première importance. La princesse Charlotte est désormais une jeune femme convoitée et, ce qui ne gâche rien, elle se révèle plutôt jolie. Dans la chasse au bon parti, le choix paternel se porte sur Guillaume d'Orange, le prince héritier des Pays-Bas. La réputation du jeune homme n'est pas des plus flatteuses mais l'alliance des deux familles – d'obédience anglicane et protestante – apparaît d'autant plus légitime qu'il est prévu que les deux puissances maritimes ne seront jamais réunies sous une même couronne. Afin de lever toute ambiguïté, un arrangement est pris pour partager les trônes entre les enfants du couple. Dans une Europe confrontée à l'Aigle napoléonien, l'union se justifie pleinement sur un plan politique. Bref, tout semble déjà ficelé dans cette affaire. Tout, sauf le caractère bien tranché et les inclinations sentimentales de la jeune femme.

Tandis que l'Aigle prend la route de l'exil, Charlotte rencontre un jeune et séduisant lieutenant général de la cavalerie russe, un dénommé Léopold de Saxe-Cobourg qui sait se montrer à son avantage. Pour autant, la jeune femme ne tombe pas instantanément sous son charme. D'aucuns murmurent même que le cœur de Charlotte serait déjà pris « par un troisième homme » mais ce n'est pas la seule difficulté. Comme il fallait s'y attendre, les négociations autour du mariage se compliquent lorsque Caroline de Brunswick donne son avis en s'opposant résolument à la candidature du prince d'Orange. Le régent ne nourrit qu'une confiance mesurée envers sa fille dont il se méfie du tempérament versatile. Il n'hésite pas à l'assigner à résidence pour lui faire entendre raison mais celle-ci réussit à s'échapper de manière rocambolesque. Voilà que la future souveraine d'Angleterre s'enfuit de chez elle comme une prisonnière s'évadant de sa prison.

L'affaire est portée sur la place publique. L'opinion en vient à prendre parti pour Charlotte et s'invite, à travers les gazettes, aux négociations du mariage. Du jamais-vu à la cour ! La jeune femme, souvent présentée comme un garçon manqué, possède un solide tempérament et désire surtout échapper aux griffes de son père. En cette fin d'hiver 1816, Léopold veut croire en sa bonne étoile et il revoit avec joie Charlotte à Brighton. Au début, l'hypothèse Léopold paraît complètement inenvisageable aux yeux du régent mais le jeune prince cobourgeois se révèle opiniâtre, il possède une excellente éducation et il réussit à s'attirer les bonnes grâces de l'imprévisible Charlotte. Paradoxalement, alors qu'il n'avait pas provoqué de coup de foudre chez la jeune femme au premier regard, il réussit à se faire apprécier de plus en plus d'elle et à faire naître en son cœur capricieux un sentiment amoureux. Plus important encore, il arrive à convaincre le prince régent qu'il est « *the right man* » dans cette délicate affaire. D'abord réticent face à un trop modeste parti, George finit par être impressionné par le sérieux et l'intelligence d'un homme qui, malgré son jeune âge, possède déjà une solide expérience de la vie. Il pressent aussi que ce Léopold aura la carrure nécessaire pour contenir les élans incontrôlés de sa fille.

Cette fois, l'affaire est décidée, le prince de Saxe-Cobourg épousera bel et bien la fille du régent d'Angleterre. On décide même de ne pas sacrifier à la tradition des fiançailles pour fixer la date du mariage. Il ne reste plus au Parlement qu'à débattre du statut et de la dotation de Léopold, ce prince rusé et calculateur que le régent a fort peu aimablement surnommé « Monsieur le Marquis de Peu à Peu ». Le Parlement sait se montrer généreux et, outre une pension de 50 000 livres, il offre au couple la superbe résidence de Claremont House qui est aménagée conformément au rang des futurs époux. Pour un Cobourg qui a toujours eu du mal à joindre les deux bouts, ce mariage prend aussi la forme d'une extraordinaire opération financière. Une garantie sur le long terme, doublée d'une assurance face aux vicissitudes de la vie. Charlotte n'est pas dupe du déséquilibre financier qui règne au sein du couple, mais elle se garde bien d'humilier son cher époux en lui rappelant sa condition modeste par rapport à la sienne. D'ailleurs, l'asymétrie du mariage est très vite compensée par l'adresse et l'autorité naturelle de Léopold.

Après leur mariage le 2 mai 1816, le couple s'installe à Claremont House et il connaît une véritable lune de miel. Les princes apprennent à se connaître, ils jouent du piano et reçoivent des amis. Bref, ils sont amoureux. Léopold dresse l'enfant capricieuse et, loin de lui en vouloir, Charlotte goûte le bonheur d'une vie plus sereine et d'une nouvelle liberté. Le couple ne se quitte jamais, comme si la jeune femme voulait pleinement goûter un bonheur conjugal qu'il ne lui avait pas été donné de connaître dans son enfance, à force de voir ses parents se déchirer. Les princes sont populaires et se font acclamer au théâtre lors de leurs sorties en ville. On loue leurs manières simples et l'aristocratie se félicite du retour de la jeunesse et de l'harmonie à la cour. Aux yeux de beaucoup de Britanniques, Charlotte incarne l'espoir de la monarchie. De son côté, Léopold en profite pour s'initier aux arcanes de la monarchie parlementaire. Il est d'autant plus heureux que son secrétaire particulier et confident venu de Cobourg, Christian-Frédéric Stockmar, fait partie de cette nouvelle vie. Entre les deux hommes, une amitié profonde indéfectible se renforce jour après jour. Stockmar est non seulement son docteur mais aussi son fidèle confident et, surtout, l'indispensable lien entre sa nouvelle vie anglaise et ses origines cobourgeoises. Léopold a toujours été un prince ambitieux et, pour la première fois, il possède enfin les moyens de ses aspirations. Pour que le tableau de ce bonheur soit vraiment complet, il ne manque plus qu'un enfant : l'héritier tant attendu. En Angleterre, la position du prince Cobourg s'affermit encore quand est annoncée la grossesse de Charlotte en 1817. A côté d'une cour raillée et dévalorisée, Léopold et Charlotte offrent un nouveau visage – jeune, digne et populaire – de la monarchie. Léopold veille avec soin sur sa chère Charlotte mais il ne perd pas de vue ses calculs politiques. Le fils qu'il appelle de ses vœux deviendra un jour roi d'Angleterre et sa position de père du futur souverain fera de lui l'un des hommes les plus puissants d'Europe.

Le 5 novembre 1817, Charlotte sent les contractions qui annoncent la délivrance de l'accouchement. Après cinquante-deux heures de travail, la princesse met au monde un petit garçon. Hélas, l'enfant est mort-né et la mère est à bout de forces. L'instant est tragique mais, somme toute, assez courant pour l'époque. Après tout, il y aura d'autres grossesses, et surtout, d'autres enfants. Malgré sa tristesse, Léopold tente de réconforter son épouse puis il va se reposer quelques heures, seul dans sa chambre. Il est loin de se douter que, tout près de lui, un drame est sur le point de se nouer. Loin de trouver le repos après son accouchement tragique, la princesse est prise de douleurs intenses et de vomissements. Son souffle irrégulier inquiète les médecins, d'autant plus que rien ne réussit à arrêter les saignements. Cinq heures après l'accouchement, Charlotte trépasse. Léopold ne peut y croire. Il vit un tel cauchemar qu'il tente de se convaincre que rien de tout ce qui vient d'arriver n'est réel. Comme s'il s'agissait d'un mauvais rêve qui s'évanouirait une fois les yeux ouverts. Et pourtant, il lui faut finir par regarder la vérité en face. Au comble du désespoir, il écrit :

« Ma Charlotte est partie pour le royaume – il l'a perdue. Elle était une si bonne, une si admirable femme. Personne ne connaît ma Charlotte comme moi je l'ai connue ! C'était mon étude, mon devoir, de la connaître, mais c'était aussi mon plaisir ! »

En quelques heures, son monde s'est écroulé. Le prince ambitieux a tout perdu : l'amour, la paternité ainsi que le rôle qu'il s'était taillé sur mesure. A quel avenir peut encore prétendre le Cobourg après une aussi terrible épreuve ?

5

A Londres, quelle victoire : Victoire se marie !

Après la mort de Charlotte, Léopold de Saxe-Cobourg se retrouve dans la position étrange d'un ex-futur roi au chômage. Comme si sa vie s'était déjà arrêtée, brisée net, alors qu'il n'a pas encore trente ans. A quoi peut ressembler le destin d'un ambitieux apparemment privé de destinée ?

Chaque fois que Léopold perd pied, il s'abandonne au spleen. Et quand la mélancolie est trop forte, le militaire qu'il est resté au plus profond de son âme sait qu'il n'est aucune armée au monde qui puisse la vaincre, il ne reste plus alors qu'à baisser sa garde. Le prince promène sa douleur d'homme blessé en partant sur les routes d'Europe et en regagnant son cher duché de Cobourg. Chaque fois que Léopold retrouve ses forêts giboyeuses de Thuringe, il lui semble qu'il se rapproche de lui-même. Les remous de l'époque, la quête d'une situation et sa position de cadet l'ont conduit à voyager à travers l'Europe pour se trouver un nouveau port d'attache mais il sait que son cœur ne quittera jamais ce morceau d'Allemagne où tout le renvoie à sa nature profonde. Dès lors, il se met en quête d'un pied-à-terre dans sa région natale et, en 1820, il tombe sous le charme du domaine de Niederfüllbach. Il consacre le temps et l'argent nécessaires pour restaurer cette demeure dotée de deux ailes qui, même si elle apparaît assez vaste et confortable, est loin d'être un château. Il est particulièrement sensible à l'harmonie qui émane du parc à l'anglaise ceinturant l'habitation. Celui-ci lui rappelle ses années heureuses à Claremont House, quand il se promenait dans ses jardins avec sa chère Charlotte. Léopold n'habitera jamais cette demeure mais il y séjournera souvent et le simple fait de la posséder constituera pour lui un constant réconfort. Comme s'il avait trouvé une manière simple de renouer avec ses origines quand la vie lui paraissait trop pesante ou trop cruelle.

Et comme chaque fois qu'il s'abandonne au *Sehnsucht*, cette mélancolie lyrique, propre à la patrie de Goethe, Léopold finit par retrouver le goût de vivre en s'en remettant à ce qui compte le plus à ses yeux : les intérêts de sa famille. Il est inenvisageable de penser que l'ascension des Cobourg sur la scène européenne se brise sur le hasard tragique de son drame personnel. Il lui semble tout aussi impossible que ses ambitions aboutissent à un échec politique. Le prince a mis à profit sa jeunesse et son expérience anglaise pour y puiser un solide réseau de relations. Léopold a compris l'importance de posséder un carnet d'adresses bien rempli. A l'époque, on ne parle encore ni de lobbying ni de réseautage mais c'est bien de cela qu'il s'agit. Le prince met à profit ses appuis pour pousser une autre pièce Cobourg sur l'échiquier Hanovre. Autrement dit, il n'a pas renoncé à la couronne anglaise. Cette fois, il choisit de parier sur un cheval qui est loin d'être un favori dans la course à la couronne. Le duc de Kent est quatrième dans l'ordre de succession au trône. L'homme est criblé de dettes mais il est doté d'une bonne nature, réputé proche des milieux francs-maçons et entretient des relations cordiales avec Léopold de Cobourg, le veuf de sa chère nièce Charlotte. En même temps, le Parlement anglais s'inquiète du manque d'héritier des enfants de George III. Il est même prêt à se montrer très généreux avec le prince qui saura garantir le futur de la couronne britannique. Un argument qui ne laisse bien sûr pas Léopold indifférent, d'autant plus qu'il a déjà une grande idée en tête. Et le fait que le prince anglais ait déjà contracté un mariage morganatique ne semble pas être un obstacle infranchissable pour Léopold qui s'attelle avec enthousiasme à la tâche.

Née en 1786, Marie-Louise-Victoire de Cobourg-Saalfeld avait épousé le prince Charles de Leinigen en 1803 avec qui elle avait eu deux enfants. Hélas, son conjoint avait trépassé en 1814. Malgré son statut de veuve, Victoire constitue encore un parti tout à fait acceptable pour une autre union. C'est d'autant plus vrai que le candidat en question n'est pas un parti facile. D'abord, le duc de Kent est un homme de vingt ans plus âgé que Victoire. Ensuite, il doit rompre une longue relation sentimentale avec une roturière française afin de rentrer dans le droit chemin des mariages dynastiques. La partie semble loin d'être gagnée, d'autant plus que la Cobourg est une femme de caractère, et qu'elle n'a aucune envie d'épouser un homme pour lequel elle ne ressent rien. Mais, dans ce genre de circonstances, son frère sait se montrer convaincant. Léopold pressent ses talents de marieur qui ne demandent qu'à être mis en pratique. Le prince entame donc des manœuvres subtiles afin de suggérer la candidature de sa sœur pour épouser le prince Edouard. A Londres, certains murmurent que les liens étroits du prince Léopold avec la franc-maçonnerie ne sont pas étrangers à l'adhésion du prince anglais, lui-même initié par la loge. Fidèles à leur politique, les Cobourg reprennent la main et se félicitent du mariage célébré en l'église de leur palais ducal. Sur le plan sentimental, l'union est loin d'être une réussite. En revanche, sur le plan dynastique, elle se révèle être un véritable coup de maître ! En 1819, naît une petite fille baptisée Victoria. Léopold exulte, il est convaincu que ses calculs se révéleront payants. A l'époque, le trône paraît bien inaccessible pour l'enfant mais, qui sait, le destin réserve parfois bien des surprises. Et celui-ci vient appuyer les projets des Cobourg. Le 23 janvier 1820, le quatrième fils du roi George III trépasse. Edouard de Kent est victime d'une pneumonie dont les médecins de la cour n'arrivent pas à le sauver. Pour la deuxième fois de sa vie – et quelques mois après la naissance de son troisième enfant – la princesse Victoire de Saxe-Cobourg se retrouve veuve. Comblant ce vide paternel, Léopold prend sous son aile sa jeune nièce dont il devient le mentor attentif.

A la cour, la situation évolue rapidement. Le vieux roi George III meurt le 29 janvier 1820. Le régent lui a succédé sous le nom de George IV et la petite Victoria âgée de neuf mois est désormais troisième dans l'ordre de succession au trône. Léopold pressent le destin qui l'attend et, en oncle avisé, il prépare l'avenir, malgré les embûches. C'est d'autant plus compliqué que la réputation de la princesse Cobourg est loin d'être bonne à la cour. A tel point que certains verraient d'un bon œil son retour sur le continent mais Léopold plaide avec succès la pertinence de garder la jeune Victoria sur le sol anglais, compte tenu de sa place dans l'ordre de succession. Un autre chantier d'importance attend Léopold, il doit assister sa sœur et sa nièce sur le plan financier. En effet, le défunt et dispendieux Edouard a laissé sa famille dans une situation délicate, pour ne pas dire catastrophique. Face au manque de générosité du nouveau souverain, Léopold de Cobourg décide d'y aller de sa poche afin de garantir le train de vie de sa sœur et de l'héritière présomptive du trône. Il s'agit d'une affaire familiale, bien sûr, mais aussi d'un geste politique en forme d'investissement pour le futur. Léopold possède une qualité qui signe la différence entre les personnalités et les grands hommes d'Etat : il est capable de voir loin. Dix fois, vingt fois par jour, il saisit sa plume pour prodiguer ses bons conseils à sa nièce.

« Bruxelles, 22 mai 1832.

« Mon cher amour,

« Permettez-moi de vous offrir mes vœux les plus sincères et les meilleurs pour l'anniversaire de votre naissance. Que le ciel vous protège, vous comble et verse sur vous ses meilleures bénédictions !

« Le temps s'enfuit : il y a maintenant treize ans que vous entrâtes dans ce monde agité ; j'ose à peine maintenant vous appeler une petite princesse. Par conséquent, vous comprendrez, mon cher amour, que vous devez chaque jour accorder plus d'attention aux choses sérieuses. Par la volonté de la Providence, vous êtes appelée à remplir une situation éminente ; c'est à la bien remplir qu'il faut maintenant travailler. Un bon cœur, un caractère loyal, une conscience respectable sont parmi les qualités les plus indispensables pour jouer ce rôle.

« Vous trouverez toujours, dans votre oncle, l'ami fidèle, tel qu'il l'a été depuis votre tendre enfance. Et chaque fois que vous sentirez le besoin d'un conseil ou d'un appui, adressez-vous à lui avec une parfaite confiance.

« Si les circonstances me permettaient de quitter Ostende de bonne heure, demain matin, je pourrais moi-même placer mon cadeau dans vos cheveux blonds.

Puisque ce bonheur ne m'a pas été accordé par le sort, votre excellente mère a promis de me remplacer.

« Vous avez probablement peu de temps à vous. Je m'arrête donc, en vous redisant l'attachement et l'affection sincères, avec lesquels je serai toujours, mon cher amour, votre ami et oncle fidèle et dévoué. »

Sur le plan personnel, le prince Cobourg semble nettement moins inspiré. Il s'éprend à l'époque d'une jolie comédienne allemande nommée Caroline Bauer, qu'il surnomme Lina. Il la juge douée, belle, et surtout, il lui trouve une ressemblance troublante avec la défunte Charlotte. Sa gentilhommière de Niederfüllbach accueille leurs amours inégales et Léopold reprend goût à la vie. Se croyant épris, il veut à tout prix l'épouser et se soucie peu des conséquences d'une pareille union. Une attitude étrange puisque, pour Léopold, ce mariage reviendrait à renoncer officiellement à toute ambition politique. Toujours vigilant, le fidèle Stockmar le met en garde contre une union dont il ne veut pas entendre parler. Il pressent que c'est une mauvaise idée, non seulement sur le plan politique mais aussi dans une perspective personnelle. Et, comme souvent, le docteur cobourgeois a raison. Mais le prince est obstiné. Après avoir réussi à imposer une union pas vraiment officielle (mais suffisamment pour paraître légitime), Léopold paraît satisfait.

Il peut entamer sa nouvelle vie conjugale en Angleterre avec sa chère Lina (qui a pris soin d'emmener sa mère avec elle). Il leur fait même aménager un cottage dans Regent's Park qui devrait parfaitement leur convenir. Mais le prince comprend vite son erreur : ces deux-là n'ont rien à faire ensemble. Caroline paraît impressionnée et timide face au statut social de son prince. On est bien loin de la rassurante intimité cobourgeoise. Rapidement, l'ancienne artiste s'ennuie, d'autant plus que Léopold cherche de toute évidence à l'éviter. L'union ne dure que le temps des illusions. Lassé et déçu, Léopold la quitte, une séparation aussi discrète que le mariage avait été officieux. Tristes et soulagées à la fois, Lina et sa mère reprennent sagement le chemin de l'Allemagne. Cette relation n'a été qu'un mirage, l'impression factice que le bonheur qu'il avait connu avec Charlotte pouvait renaître. Mais entre sa princesse et sa chanteuse, il n'y avait rien de plus qu'une vague ressemblance physique. Une fois oublié le furtif épisode Caroline, Léopold est à nouveau seul et totalement libre de se consacrer à ses ambitions politiques. Le Cobourg n'a pas renoncé à ses rêves de jeunesse, d'autant qu'un trône semble enfin à portée de main.

6

A Bruxelles, un royaume pour Léopold ?

A l'approche de la quarantaine, Léopold de Saxe-Cobourg-Saalfeld a retrouvé le goût de vivre. Depuis son plus jeune âge, le cadet des Cobourg est coutumier des accès de mélancolie qui finissent par engendrer l'élaboration de vastes projets. Il nourrit de grandes ambitions et cherche un nouveau sens à sa vie.

En ce début de siècle mouvementé, l'Europe qui semblait pourtant stabilisée après le congrès de Vienne traverse de nouvelles convulsions. Depuis le début des années 1820, les Grecs, lassés du joug ottoman, se sont soulevés. Les canons tonnent en Méditerranée et c'est toute une génération qui s'enflamme pour le combat hellène paré d'accents romantiques. Par son itinéraire et sa mort en 1824, Lord Byron devient l'emblème de la lutte et du sacrifice. Le pays conquiert certes une indépendance mais celle-ci est précaire. Pour la confirmer, la Grèce se cherche des appuis en Europe et, en 1830, la couronne du nouvel Etat est proposée à Léopold de Saxe-Cobourg. L'habile Kapodistrias, un ancien ministre du tsar d'origine grecque, négocie avec le prince qui examine attentivement la proposition et use de son influence pour obtenir les garanties nécessaires à la réussite de l'entreprise. Dans un premier temps, Léopold paraît séduit, puis il hésite, tergiverse et finit par arrêter sa décision. Avec prudence – mais non sans regret –, le prince refuse ce cadeau séduisant mais trop incertain pour son esprit germanique. Le pays des Hellènes est loin d'être pacifié, pour ne pas parler de son manque de garanties financières pour assurer sa viabilité. Face à autant d'incertitudes, mieux vaut savoir renoncer tant qu'il en est encore temps pour ne pas affronter de graves désillusions dans le futur. Le pauvre Kapodistrias sera d'ailleurs assassiné le 9 octobre 1831 à Nauplie. Léopold songera souvent avec tristesse à cette opportunité manquée mais il estimera toujours avoir fait le bon choix. Comme un doux mirage sous le soleil égéen, le rêve grec s'évanouit. Léopold s'interroge. Pourquoi la raison finit-elle toujours par l'emporter sur la passion ? Et comment font les hommes pour vivre avec le poids éternel des regrets ? En philosophe pessimiste, le prince médite sur l'extrême fragilité des choses. Il commence à douter de son aptitude à pouvoir trouver une situation digne de son ambition. Une position dans laquelle il pourrait donner toute sa dimension et son expérience.

Pendant ce temps, le ciel d'Europe reste incertain. En France, une révolution éclair et violente chasse l'ultime et très impopulaire roi Bourbon Charles X de son trône. De manière imprévue, la couronne échoit au duc d'Orléans, Louis-Philippe, qui reconnaît le drapeau tricolore ainsi que certains acquis de la révolution. Les Trois Glorieuses qui auraient pu engendrer une république dangereuse pour l'équilibre européen et la prospérité française ont été canalisées par les tenants de la bourgeoisie et le courant révolutionnaire le plus modéré. Pour couronner le tout, les banquiers n'ont pas manqué de manifester leur bonne volonté si un régime stable était mis en place à Paris. L'option Orléans apparaît dès lors comme un moindre mal. Avec adresse, le nouveau roi prend soin de se faire appeler Louis-Philippe Ier et non Philippe VII. Et pour marquer encore davantage la rupture avec l'antique royauté de droit divin, il devient roi « des Français » et non plus souverain « de France ». Une subtilité de vocabulaire héritée de la Révolution et qui introduit une véritable rupture dans la longue histoire monarchique de la France. De son séjour anglais ou de son refuge cobourgeois, Léopold suit avec intérêt les derniers soubresauts de ce peuple français décidément toujours aussi imprévisible.

Plus au nord, à Bruxelles, le ressentiment contre le régime hollandais imposé au lendemain de la défaite napoléonienne augmente. Dès 1814, il a été décidé de créer un nouveau royaume englobant les anciennes Provinces-Unies et Pays-Bas méridionaux. D'une certaine manière et sur le papier, la composition du pays paraît légitime et homogène, d'autant plus qu'elle en revient au modèle des Dix-Sept Provinces de l'époque de Charles Quint. Pour coiffer la couronne du nouveau Royaume-Uni des Pays-Bas, c'est tout naturellement Guillaume Ier d'Orange qui est choisi. L'homme descend d'une prestigieuse dynastie qui a souvent gouverné les provinces septentrionales. Le nouveau souverain promet un royaume fédéral avant la lettre, doté de deux pays réunis, de deux capitales et qui garantira le respect des religions, le royaume étant majoritairement catholique dans le Sud et protestant dans le Nord. Sous le régime hollandais, les provinces méridionales connaissent un indéniable développement économique mais les différences se font de plus en plus sentir entre un Nord toujours commerçant et un Sud encore très agricole. Pour ne rien arranger, les lois linguistiques et les penchants autoritaires du roi des Pays-Bas passent de plus en plus mal à Bruxelles. Dans l'atmosphère hautement romantique et révolutionnaire de 1830, il suffirait de pas grand-chose pour mettre le feu aux poudres. Mais le roi batave, trop sûr de son bon droit, ne veut pas croire au danger.

A l'occasion d'une représentation de l'opéra d'Auber, *La Muette de Portici*, le 25 août 1830 au théâtre de la Monnaie, les cœurs s'enflamment. Le public reprend en chœur les paroles aux accents patriotiques et ce qui aurait pu être une petite révolte d'opérette se mue en véritable révolution. Guillaume Ier réagit prestement en envoyant ses propres fils et six mille soldats pour rétablir l'ordre mais la volonté des insurgés paraît inébranlable. Ces diables de Belges veulent à tout prix leur indépendance ! Même les esprits les plus enfiévrés parmi les révolutionnaires n'en croient pas leurs yeux en voyant qu'ils réussissent à tenir en respect ceux qu'ils qualifient d'oppresseurs hollandais.

En quête de respectabilité et d'une véritable existence juridique, le nouveau pays se dote d'un gouvernement provisoire constitué de jeunes hommes brillants et épris de liberté. La décision est prise par le Congrès national de faire de la Belgique une royauté constitutionnelle. Le régime monarchique possède de nombreuses vertus : il rassurera les autres pays européens et assurera la stabilité de l'Etat. Pour coiffer la couronne toute neuve, le choix du Congrès se porte sur un jeune prince promis à un bel avenir, le duc de Nemours, fils de Louis-Philippe. Après tout, le tout récent roi des Français ne doit-il pas, lui aussi, sa couronne à une révolution ? Contre toute attente, le souverain Orléans décline l'offre. Il craint de se heurter à l'opposition des chancelleries et préfère asseoir sa position à Paris plutôt que de tenter l'aventure à Bruxelles.

Comme un clin d'œil du destin, le nom de Léopold revient, une fois encore, à la faveur d'un soubresaut révolutionnaire. Le prince Cobourg est clairement présenté comme l'homme de l'Angleterre. Jules Van Praet fait office d'interprète et de secrétaire de la délégation belge qui rencontre Léopold. Celui-ci fait la moue. Selon ses propres mots, il estime que les députés belges ont mal traité la monarchie « qui n'était pas là pour se défendre ». Fidèle à son tempérament prudent, il commence par hésiter, se demandant si ce royaume à peine né mais encore dépourvu de souverain est vraiment viable. Peu ou prou, la nouvelle Belgique correspond aux anciens Pays-Bas méridionaux. Au fil du temps, ces provinces ont connu une histoire mouvementée en battant successivement pavillon bourguignon, espagnol, autrichien, français et hollandais. Le pays relativement pauvre ne possède pas de tradition nationale à proprement parler, même s'il a déjà connu des formes d'autonomie sous les règnes espagnol et autrichien. Le cadeau proposé à Léopold n'est peut-être pas aussi royal que certains le prétendent. Autre point de friction, les Belges viennent de faire la révolution pour se débarrasser d'un roi protestant et voilà qu'ils offrent la couronne à un autre prince protestant ! Un joli paradoxe (préfigurant le fameux surréalisme à la belge) qui trouve une solution acceptable par toutes les parties grâce à un simple arrangement dynastique. Si Léopold refuse clairement et définitivement d'abjurer sa foi réformée, il est décidé que son épouse sera catholique et surtout que leurs enfants seront élevés dans la foi papiste. Si ce compromis n'est pas une preuve du remarquable pragmatisme de Léopold, cela y ressemble beaucoup.

Le pari belge n'est pas encore gagné mais, cette fois, Léopold a pris sa décision : il accepte la couronne. Le prince a quarante ans et il ne compte pas vivre dans l'éternel regret des moments heureux de sa jeunesse aventureuse. L'heure est venue pour lui de se poser. Pour autant, il ne compte pas acheter un chat dans un sac. Même contre un trône, il ne renonce pas à sa légendaire prudence. Par ailleurs, l'homme est trop attaché à ses acquis pour lâcher la proie pour l'ombre. Il se lance dans de laborieuses négociations avec l'Angleterre afin de savoir s'il pourra recouvrer sa juteuse pension en cas d'échec de l'aventure belge. Les caricaturistes de l'époque s'en donnent d'ailleurs à cœur joie. Ils présentent un prince Cobourg inquiet, poussé par le Parlement anglais à franchir la Manche et tâchant d'emporter avec lui de précieux sacs de livres sterling. On a connu mieux comme motivation avant de commencer un nouveau règne ! Mais c'est désormais chose faite : au mois de juillet 1831, un Cobourg se hissera enfin sur un trône européen.

Léopold arrive en Belgique par le petit port de pêcheurs de La Panne. Avec prudence, le prince sait qu'il pourra toujours se replier en France si l'affaire tourne mal. Mais, au fil des villes et villages belges traversés, il est heureusement surpris par l'élan populaire qu'il suscite. Serait-il attendu ou, mieux encore, désiré ? Pour achever ce périple en apothéose c'est une ville de Bruxelles en liesse qui accueille son nouveau roi. Rassuré par l'accueil enthousiaste, le Cobourg se rend au château de Laeken où il prépare son discours du lendemain en tentant de masquer, autant que faire se peut, son accent allemand très affirmé. En découvrant ces murs séculaires, il ne peut s'empêcher d'avoir une pensée émue pour leurs anciens locataires, les archiducs autrichiens bien sûr, mais surtout Napoléon ainsi qu'une certaine Joséphine et sa fille Hortense – ses très chères amies et alliées lors de ses séjours parisiens – qui appréciaient l'atmosphère de ce vaste domaine arboré aux portes de la ville. Le cours de l'Histoire a bien changé depuis les visites du jeune prince à la Malmaison mais Léopold n'oublie jamais ceux qui se sont montrés bons envers lui.

Le 21 juillet 1831, sanglé dans son uniforme et présentant un air sévère, le prince de Saxe-Cobourg-Saalfeld prête serment sur les hauteurs de la ville de Bruxelles, devant les héros de la révolution, à l'endroit même où, quelques siècles plus tôt, Charles Quint gouvernait son empire. Certes, la cérémonie manque un peu de faste. On a érigé une structure de bois doré, ornée de draperies rouges et d'étendards devant l'église Saint-Jacques sur Coudenberg mais il n'y a pas l'ombre d'une couronne pour coiffer la tête du souverain. Et il serait tout aussi vain de chercher un sceptre ou une robe d'hermine. A quelques mètres de cela est planté un arbre de la liberté à l'esprit très républicain. Le ton est donné, la monarchie belge sera sobre ou ne sera pas. Si le Cobourg avait compté régner à la manière de Louis XIV, il risque bien d'être déçu ! Pour l'homme austère que Léopold est resté, ce n'est pas le manque de pompe qui l'inquiète. Il suffit au roi Cobourg de regarder autour de lui pour mesurer la fragilité de sa situation. Il comprend rapidement que son nouveau pays n'est guère organisé et surtout que son armée est loin de faire le poids.

7

A Bruxelles, un grand règne pour un petit royaume

Léopold est devenu un symbole, l'étendard Cobourg d'une nation en quête de reconnaissance internationale. Mais l'état de grâce est de courte durée. Dès le 2 août 1831, alors qu'il est roi des Belges depuis à peine une dizaine de jours, Léopold apprend que les troupes hollandaises envahissent son nouveau pays.

Le souverain Cobourg réagit sans attendre en prenant la tête des troupes. En agissant de la sorte, il instaure une tradition selon laquelle les souverains belges seront aussi les chefs de leur armée. Par une ironie dont seule l'Histoire possède le secret, il retrouve face à lui son vieux rival, Guillaume d'Orange. Faible en effectifs, mal préparée et désorganisée, l'armée belge ne fait pas le poids face aux troupes du roi Guillaume. Léopold comprend que la petite Belgique a beau être vaillante, elle n'en est pas forte pour autant. Et comme l'Angleterre ne se précipite pas sur le continent pour lui porter assistance, l'aide de la France se révèle indispensable pour garantir son intégrité territoriale. Les soldats de Louis-Philippe coupent facilement la route de Bruxelles aux Hollandais. C'est la fin de l'humiliante campagne des Dix-Jours. Moins d'un an après sa naissance, le royaume de Belgique est sauvé… mais à quel prix ?

Aux yeux de l'Europe, la preuve est faite que la Belgique n'est pas de taille à garantir son intégrité nationale. La paix et l'indépendance sont au bout des négociations entamées par les grandes puissances à Londres. Sans pitié pour les ambitions territoriales de son nouveau roi, le traité des XXIV articles du 19 avril 1839 entérine de considérables pertes territoriales pour le royaume. La Belgique doit renoncer au Limbourg hollandais, quant au Luxembourg il est érigé en grand-duché indépendant mais directement placé dans l'orbite de Guillaume Ier des Pays-Bas qui le gouverne à titre personnel. Malgré la défaite de ses troupes face à la France, le monarque Orange continue de refuser l'indépendance de la Belgique. En revanche, sur le plan financier, le traité s'avère être une meilleure affaire pour la Belgique puisqu'il rassure les banquiers. Sur ce plan, Léopold profite pleinement de son carnet d'adresses diplomatiques. Au fil de ses contacts et de ses négociations, le souverain a noué d'excellents contacts avec les Rothschild et ceux-ci acceptent de prêter de l'argent frais au nouveau royaume, bien sûr sous condition d'un remboursement à un taux très avantageux.

Fidèle à la tradition familiale, c'est une fois encore du mariage que viendra le salut. Léopold est conscient de l'importance de l'alliance avec la France. Il demande la main d'une fille de Louis-Philippe, cet autre nouveau venu dans le cénacle des souverains. Le choix se porte sur Louise-Marie, une frêle et jeune princesse aux traits réguliers, dotée d'un caractère plutôt timide, qui a grandi dans la chaleur familiale du foyer Orléans. Sa mère, Marie-Amélie, la presse d'accepter un mariage qui ne lui plaît guère. Quelques heures avant l'arrivée de son promis, la jeune femme implore ses parents de ne pas la livrer en pâture à un homme qui compte deux fois son âge et qui est déjà veuf. Par ailleurs, il se murmure que le prince aurait convolé une deuxième fois avec une artiste dénommée Caroline Bauer qu'il n'a pas hésité à abandonner dès qu'il a senti qu'elle constituerait un handicap pour ses ambitions futures. On a connu plus séduisant comme parti, il faut bien en convenir. Louis-Philippe se montre, comme toujours, compréhensif avec ses enfants. Il explique doucement à Louise-Marie qu'elle peut encore parfaitement refuser ce mariage. La jeune femme se prépare à le remercier quand le roi tient à ajouter quelque chose. Il précise que, dans de telles conditions, il deviendra très difficile de lui trouver une situation convenable. En clair, ou Louise accepte le mariage belge ou alors elle risque de finir vieille fille. Il ne lui reste plus dès lors, la mort dans l'âme, qu'à consentir aux exigences paternelles. C'est bien connu, quand il s'agit de la raison d'Etat l'inclination compte peu. Le 9 août 1832, Louis-Philippe accueille Léopold au château de Compiègne qui a été choisi pour sa situation géographique idéale, entre Paris et Bruxelles. Après un grand dîner qui réunit les deux souverains et la famille, le mariage mixte (selon les rites luthérien et catholique) est célébré dans la chapelle du château. Pendant la cérémonie, Léopold regarde avec étonnement et, il faut bien le reconnaître, un brin d'inquiétude Louise-Marie qui ne réussit pas à tarir le torrent de ses larmes. Pourtant, Léopold fait tout pour se montrer charmant envers cette jeune femme qui devient sa deuxième ou troisième épouse, selon que l'on prenne en compte ou pas la fameuse Caroline Bauer. Le roi des Belges observe la fille du roi des Français, le Cobourg scrute l'Orléans. Il ne la trouve pas très belle, bien trop timide à son goût, mais sa fragilité le touche au cœur.

Petit à petit, une étrange relation composée de respect réciproque, de lien père-fille, de complicité et peut-être même d'un peu d'amour va se faire jour. Au début très critique par rapport à son époux et à ses nouveaux compatriotes, Louise va se montrer de plus en plus conquise, comme le laisse entendre le ton de ses lettres à sa mère, la reine Marie-Amélie des Français.

« J'aime le roi et surtout je l'estime profondément. Chaque jour ajoute à cette estime et à cette affection, à l'union de nos pensées, de nos sentiments et ma confiance illimitée en lui est la sécurité avec laquelle j'envisage l'avenir. »

Il faut reconnaître que le prince loué jadis par Napoléon a beau avoir quarante ans, il n'a rien perdu de son art de séduire. Léopold sait y faire, surtout lorsqu'une union politique apte à assurer la sécurité de son royaume est en jeu. Le couple connaît une première grande joie en 1833. Un prince baptisé Louis-Philippe naît au château de Laeken. Ses parents – qui lui attribuent toutes les qualités – le surnomment rapidement Babochon. Pour Léopold, la victoire dynastique est éclatante, mais il semble écrit que le bonheur ne dure jamais bien longtemps. En 1834, l'enfant tombe malade. Quelques semaines plus tard et malgré l'intervention de plusieurs médecins, le premier prince héritier du royaume de Belgique décède. Le drame familial fait rapidement l'objet d'une polémique internationale. Si Léopold ne jure que par les médecins anglais, Louise avait voulu confier la santé de son fils à des praticiens français. Au milieu de cette querelle, il ne restait guère de place pour les médecins belges… Trop d'hésitations et d'atermoiements pour choisir les hommes de l'art ont-ils causé la mort de Babochon ?

Longtemps, dans la famille d'Orléans, le souvenir de la mort du petit Louis-Philippe de Belgique demeurera un pénible souvenir. Bien des années plus tard, Isabelle, la comtesse de Paris, racontera l'anecdote de ce « têtu » de Léopold qui tenait absolument à confier son fils aux praticiens britanniques. La question est demeurée comme une pomme de discorde entre les familles Cobourg et Orléans. Au lendemain de la mort de son fils, Léopold est au comble du désespoir. Est-il victime d'une malédiction ? Le bonheur de devenir père lui sera-t-il à tout jamais refusé ? Inquiet en cas de disparition de son monarque qui est aussi un garant de son indépendance, le monde politique belge le pousse à désigner son neveu héritier de la couronne. Une préoccupation dynastique de bon sens rejoignant celles de Léopold qui n'est pas près de renoncer au trône de Belgique désormais entre les mains de la famille Cobourg.

Mais la féconde Louise n'a pas dit son dernier mot. En 1835 naît enfin un nouvel héritier. Cette fois, il porte le prénom de Léopold, un choix qui renforce encore l'idée de pérennité dynastique. Deux autres enfants viennent compléter le portrait de famille. Philippe, le comte de Flandre (né en 1837), et Charlotte (née en 1840), celle qui deviendra bien plus tard la tragique impératrice du Mexique. Pour l'instant, elle n'est que la petite princesse Charlotte, l'enfant aux grands yeux marron, la fille chérie de Léopold qui lui a donné le prénom de la princesse d'Angleterre disparue et qui restera à jamais le grand amour de sa vie. Il y a une grande part de romantisme dans cette volonté du Cobourg de poursuivre sa relation avec sa bien-aimée, même par-delà la mort.

En Belgique, Léopold se révèle être un excellent souverain. Déjà, en Angleterre, il avait appris les règles subtiles de la monarchie parlementaire mais il n'oublie pas pour autant qu'il est aussi un prince de l'Ancien Régime. Ayant coiffé une couronne – même constitutionnelle –, il compte bien exercer ses prérogatives au maximum. Convaincu de son rôle de maître d'orchestre au sein de la famille, il se lance dans une nouvelle alliance matrimoniale anglaise qui changera bientôt le visage de l'Europe (et la fortune des Cobourg) en poussant son neveu Albert dans la couche de sa nièce Victoria. Mais le regard du roi porte bien au-delà des côtes d'Albion. Par ambition autant que par nostalgie, Léopold se plonge des heures durant dans des atlas, suivant du doigt les contours des cartes géographiques. Il étouffe souvent dans les limites de son petit royaume continental. Passé du modeste duché de Cobourg au prestigieux royaume anglais, le roi veut élargir son horizon. Pour offrir d'autres débouchés à la Belgique, il se prend même à rêver d'établissements lointains. Et quand il échafaude des projets apparemment inaccessibles, il n'aime rien autant que fuir sa capitale pour gagner ses chères Ardennes.

Là, au sud de son royaume, il a le sentiment de retrouver l'ambiance sylvestre de ses chères et lointaines forêts de Cobourg. Il cultive la nostalgie des parties de chasse en famille ainsi que des longues promenades à cheval et c'est tout naturellement dans cette région qu'il trouve la nature qui lui manque tellement à Bruxelles. La terre d'Hardenne et de Férage constitue le point de départ du domaine de Léopold Ier qui l'a acquise dès 1837. A l'extrémité du parc, le roi fait construire une tour carrée de trois étages qui surplombe la vallée pittoresque de la Lesse. Au centre du donjon se déroule un bel escalier d'acajou et chaque niveau compte deux pièces. Au pied de l'escalier, un calorifère tente – tant bien que mal – de réchauffer l'austère édifice, battu par les vents. C'est ici que Léopold se sent le mieux, qu'il rédige sa correspondance et lit les journaux, le plus souvent internationaux. Il s'offre ensuite de longues promenades dans la campagne au cours desquelles il ne manque pas de complimenter ou de sermonner les paysans sur la question délicate de l'entretien de leur ferme. Le Cobourg s'y connaît en matière agricole mais il est une fine gâchette. Dans la région, la légende populaire se souvient encore que, le 15 février 1845, il abat dans le bois de Custine un gros loup dont on raconte même qu'il s'agissait du dernier spécimen de Belgique. Un petit monument dont le temps a un peu effacé les inscriptions rappelle ce qui constitua un véritable événement à l'époque. C'est peu dire de rappeler que le roi aime chasser. Il mène une guerre impitoyable contre les animaux que l'on considère alors comme « nuisibles ». Il tue pas moins de 2800 renards entre 1836 et 1855. Désireux de s'offrir une résidence forestière propre à évoquer celles qu'il avait connues à Cobourg, il acquiert le petit pavillon de Ciergnon. Louise-Marie est tombée sous le charme du site et Léopold Ier achète le domaine en 1840. La reine souffre de problèmes de bronches et ses médecins lui ont recommandé de profiter du bon air de la forêt. Dans la foulée, elle demande à son époux d'y établir un pavillon de chasse précédé d'une vaste terrasse-belvédère. Depuis cette époque, le château n'a jamais quitté l'histoire de la famille royale dont il constitue, aujourd'hui encore, l'une des résidences favorites.

Pragmatique, Léopold favorise l'essor de son jeune royaume. Il est déterminé à asseoir la position de cette trop petite Belgique sur l'échiquier européen. Cela ne l'empêche pas de juger parfois durement ses concitoyens. Il leur reproche leur ingratitude et regrette de ne pas trouver sur les rives de la Meuse, de l'Yser et de l'Escaut autant de discipline que sur les collines séculaires du duché familial. Il regrette aussi que les Belges ne possèdent pas la même ambition que lui, cette volonté de s'élever propre au caractère Cobourg. Les événements vont bientôt l'amener à revoir son jugement. En 1848, de nouveaux coups de tonnerre résonnent dans le ciel européen. Des révoltes et des émeutes qui se répandent comme une traînée de poudre à travers tout le continent, de Vienne à Berlin en passant par les Balkans et Paris. Désemparé, le roi Louis-Philippe des Français qui avait été porté au pouvoir par une révolution en est sèchement chassé par une autre. Et cette fois, l'heure n'est plus à la monarchie mais bien à la république, deuxième du nom. Pour la reine Louise-Marie, la péripétie politique se double d'un drame familial. Très proche de ses parents, elle se sent meurtrie par ce qu'elle considère comme l'ingratitude du peuple français. Pour la reine des Belges, le traumatisme est profond. Avec bienveillance, Léopold se charge de sa belle-famille en exil en l'accueillant en Angleterre dans son château de Claremont, celui-là même qui avait abrité ses amours avec l'inoubliable Charlotte. Le 29 mars, deux mille ouvriers français franchissent la frontière dans l'ambition d'établir une république en Belgique. Ils parviennent au lieu-dit du « Risquons-Tout » près de la petite ville de Mouscron puis sont refoulés chez eux.

Dans un premier temps, Léopold se fait peu d'illusions. Son acte d'abdication est même rédigé afin d'être prêt en cas de point de non-retour. Un roi qui abdique avant même qu'on le lui demande ?

Ce manque de panache confirme le pragmatisme Cobourg. Et pourtant, rien de bien grave ne se passe, sinon les accrochages du Risquons-Tout. Alors que l'Europe tremble, le trône belge résiste. Le roi en est même le premier étonné. Comment expliquer l'absence de réaction du pays ? La Belgique est consciente de ce qu'elle doit à son souverain, et Léopold, même s'il menace régulièrement de démissionner, sait gré à son

« ingouvernable royaume » de ne pas avoir cédé aux sirènes révolutionnaires. D'une certaine manière, 1848 fait presque figure de nouveau sacre pour le roi. Et cette fois, il s'agit d'un couronnement populaire qui confirme le lien tissé par le pays et la famille de Cobourg depuis dix-sept ans. De son côté, la reine Louise est reconnaissante aux « braves » Belges de ne pas lui avoir réservé le sort qu'ont connu ses parents. Ce succès indéniable en termes de stabilité politique n'empêche pas Léopold de rester prudent. Ce n'est plus son beau-père qui règne en France, pays qu'il considérait comme son principal allié. Depuis quelques mois, il regarde d'un œil inquiet la montée en puissance de Louis-Napoléon, le prince-président élu le 20 décembre 1848 qui deviendra bientôt Napoléon III. L'Aigle renaît de ses cendres et Léopold ne peut s'empêcher de penser aux heures sombres de sa jeunesse. Cette satanée famille Bonaparte finira donc toujours par se retrouver sur son chemin ? Préoccupé, il écrit à sa nièce :

« Ardenne, 10 novembre 1850.

« Ma bien chère Victoria,

« … Il semble y avoir dans presque tous les pays des menaces naissantes d'agitation et de révoltes. Je ne sais pas comment cela finira en Allemagne. En France, il est difficile que les choses ne s'arrangent pas d'une manière ou d'une autre. J'espère qu'on nous épargnera l'agitation religieuse. Ces sortes de mouvements commencent sous un prétexte et quelquefois continuent sous d'autres. Je ne crois pas que jamais l'Europe ait été plus menacée : il y a tant d'anarchie dans les esprits. Il me paraît impossible de la guérir à l'eau de rose. La race humaine n'est pas naturellement bonne, loin de là. Elle a besoin d'un gant de fer, et en fait est souvent contente d'être ainsi conduite. Le souvenir de toutes les espèces de Césars et de Napoléons, de qui elle n'a guère reçu que des coups, lui est beaucoup plus cher que la mémoire des bienfaiteurs du genre humain, qu'elle crucifie quand on la laisse agir à sa guise… »

Un an plus tard, il affine son jugement :

« Laeken, 5 décembre 1851.

« Ma très chère Victoria,

« Tous mes meilleurs remerciements pour votre chère et gracieuse lettre du 2, date de la bataille d'Austerlitz et du coup d'Etat de Paris. Qu'en dites-vous ?

« On ne peut pas encore se former une opinion exacte, mais je suis porté à croire que Louis Bonaparte réussira. Le pays est fatigué et désire avoir la tranquillité, et si le coup d'Etat la lui donne, il n'y fera pas d'objection et laissera le gouvernement parlementaire et constitutionnel se reposer pour quelque temps.

« Je soupçonne qu'un gouvernement militaire à Paris sera vu avec plaisir par les grandes puissances du continent : elles vont un peu loin dans leur haine de tout ce qui est parlementaire. Le président prend déjà quelque chose de Napoléon. Je crois savoir qu'il s'est déclaré mécontent de moi, comme si j'avais trop soutenu la famille d'Orléans. Je rends parfaite justice au président, qui, jusqu'ici, ne nous a nullement importunés, mais nous nous sommes également abstenus de toute intervention. Je trouve qu'Hélène a été imprudente. D'autre part, il est bien difficile pour la pauvre famille d'éviter d'aborder ces sujets-là ou de le faire avec mansuétude.

« S'il s'établit quelque chose qui ressemble à un empire, nous aurons peut-être beaucoup à souffrir un moment, car la gloire française jettera indubitablement un coup d'œil sur les vieilles frontières. Mes espérances, c'est que [les Français] seront très occupés chez eux pendant quelque temps, car les querelles de partis battront leur plein…

« Votre oncle dévoué. »

Comme souvent dans son parcours politique, Léopold sort grandi des épreuves. Au découragement succèdent de nouvelles ambitions. A ce titre, l'affaire allemande est exemplaire. Fidèle à son tempérament, le Cobourg a toujours aimé se faire désirer. Il fait de plus en plus figure de sage et l'on finit même par lui proposer rien de moins que le trône de l'Empire germanique. Après avoir fait mine d'hésiter, il renonce à cette idée, conscient qu'il doit impérativement réussir la greffe belge, non seulement pour lui mais aussi pour le bien de sa famille. Décidément, les leçons de botanique prodiguées par son père n'ont pas été oubliées. Et puis, Léopold ne tient plus seulement à la Belgique pour des raisons politiques. Certains motifs sentimentaux le lient également à son royaume. Il se murmure que la dénommée Arcadie Claret serait la maîtresse du souverain. Pire, elle lui aurait donné deux fils illégitimes ! La jeune femme qui se promène souvent au cœur de la capitale avec son bébé suscite la réprobation et, parfois même, les quolibets des honnêtes Bruxellois. Et pendant ce temps, la bonne reine Louise, dont la santé décline, se sent de plus en plus seule au château de Laeken.

La constitution de la souveraine Orléans a toujours été fragile. Pour la guérir de ses problèmes de bronches, les médecins lui conseillent l'air de la mer après avoir tenté les forêts des Ardennes. Très affaiblie, Louise-Marie s'établit à Ostende dans une demeure de la rue Longue, pompeusement baptisée Palais royal. Tous les jours, les domestiques hissent péniblement une femme prématurément vieillie jusqu'au belvédère pour observer la mer. Malgré sa volonté de vivre et l'amour intense qu'elle porte à sa famille, ses forces s'évanouissent à mesure que les vagues viennent mourir sur la plage. Louise n'a pourtant que trente-huit ans. Le 1er octobre 1850, la première reine des Belges agonise dans sa petite chambre. Sa famille Orléans a fait le voyage. Sa mère Marie-Amélie n'est pas loin, pour rien au monde elle ne l'abandonnerait dans de telles circonstances. Léopold, qui a toujours redouté la mort, a fait le voyage d'Ostende à contrecœur mais il est arrivé à temps. Louise-Marie rend son dernier souffle le 11 octobre à 8 heures du matin. L'émotion est immense à travers tout le royaume. D'Ostende à Bruxelles, une foule compacte et émue se presse pour assister à ses funérailles. En dépit de ses infidélités et de son masque strict, le roi est ravagé par le chagrin. A soixante ans, le Cobourg romantique est veuf pour la deuxième fois.

Déprimé, Léopold se replonge plus que jamais dans ses racines. La forêt, la nature, les arbres, les chasses de Cobourg lui manquent tellement ! Chaque fois qu'il le peut, le roi quitte la capitale pour retrouver sa chère tour des Rochers. Ses ministres savent bien qu'il ne faut alors à aucun prix le déranger. Tout d'un coup, le temps semble s'emballer. Il est facile de dissimuler les cheveux blancs sous une perruque noir corbeau mais comment empêcher la mort d'accomplir son œuvre sinistre ? Le roi se sent de plus en plus seul. Ses proches disparaissent les uns après les autres, même le fidèle Stockmar quitte la scène en 1863. Avec sa disparition, c'est un Léopold sombre qui éprouve le triste sentiment de porter en terre la plus belle partie de sa vie. Léopold sait que la fin de la route est proche mais il reste fidèle à lui-même, jouant avec l'idée d'exiger d'être enterré en Angleterre ou songeant à ce qu'aurait été sa vie en Grèce dans un pays au soleil plus généreux et aux pluies moins déprimantes. Même au soir de sa vie, il n'a pas renoncé à ses rêves de prince romantique. Au fond de lui-même, le Cobourg sait pourtant que son succès est éclatant. Le lion a vieilli mais il peut se retourner avec fierté sur le chemin parcouru. Il a jeté un pont entre « son » Europe, celle de l'Ancien Régime, et ce nouveau monde qui lui était pourtant étranger, ce terreau d'idées nouvelles d'où est née la Belgique.

Le 10 décembre 1865, Léopold agonise à Laeken sans avoir cédé à ceux qui le pressent de se convertir au catholicisme. Il demande à voir les membres de sa famille et les salue. La douleur est telle que, lorsque survient le moment de la mort, il ressent une véritable délivrance. Les obsèques sont l'occasion d'un grand élan patriotique. Les Belges pleurent leur premier souverain. Ils ne l'ont certes pas toujours compris, l'ont quelquefois mal jugé, mais ils l'ont respecté. Et aujourd'hui, il leur manque déjà. Figé dans une de ces attitudes martiales qu'il affectionnait, sculpté dans cette beauté que la vieillesse lui avait ôtée, Léopold règne toujours du haut de la colonne de ce Congrès qui lui a offert le pouvoir. De là-haut, il contemple une terre dont il a réussi à faire une nation. Le Cobourg est au cœur de toutes les réussites de sa famille dans les décennies à venir. De Cobourg à Bruxelles en passant par Londres, il a posé les jalons de ce qui sera bientôt l'empire Cobourg à travers l'Europe.

8

A Cobourg, Ernest Ier, maître en son duché

Occulté par les fortes personnalités de son frère Léopold et de son fils Albert, le futur prince consort du Royaume-Uni, Ernest Ier est injustement méconnu. Le fils aîné de François de Saxe-Cobourg-Saalfeld et de sa seconde épouse Augusta Reuss de Lobenstein-Ebersdorf fut pourtant le souverain qui marqua profondément le duché de Cobourg, au cœur d'un empire dynastique en voie de constitution.

Ce sont les circonstances de la vie qui font accéder Ernest à la majorité dès l'âge de dix-neuf ans. La lourde maladie de son père, François, le duc régnant, le contraint à exercer des responsabilités qui ne sont pas de son âge. En 1806, le prince monte sur le trône à l'âge de vingt-deux ans et devient le nouveau maître de son duché, à l'époque occupé par les troupes françaises. Après avoir fait, avec son frère, le voyage de Paris afin d'y plaider la cause de son territoire, Ernest retrouve Cobourg sans avoir réussi à obtenir les avantages espérés pour servir la cause familiale. Le duché de Cobourg est même dissous à la signature du traité de Tilsitt mais le prince peut compter sur l'intervention de son beau-frère, le tsar Alexandre de Russie, pour le récupérer.

Très proche de son frère cadet Léopold, Ernest est animé d'un tempérament fougueux et brûle de prendre les armes pour combattre l'Aigle français. Il participe à plusieurs batailles dont celle de Leipzig en 1813 où il se fait remarquer par sa bravoure. Il en est même récompensé par le congrès de Vienne qui lui attribue la principauté de Lichtenberg. Sans le moindre doute, Ernest se verrait bien en souverain absolu et conquérant. L'homme est ambitieux mais, s'il occupe une place prépondérante dans la hiérarchie de la famille, il ne pèse pas bien lourd sur l'échiquier politique international. A son grand déplaisir, le centre de gravité du pouvoir Cobourg se déplacera d'abord vers Londres et puis vers Bruxelles. En 1817, Ernest conclut une union familiale très classique et épouse la princesse Louise de Saxe-Cobourg-Gotha-Altenbourg. Le mariage se déroule dans la plus pure tradition cobourgeoise et donne lieu à un banquet de plusieurs centaines d'invités. Quelques mois après la noce, le ventre de Louise s'arrondit. Le 21 juin 1818, un premier fils naît et reçoit, naturellement, le prénom d'Ernest. Le 26 août 1819, Louise donne le jour à un deuxième fils qui est appelé Albrecht, ou plus communément Albert. Ces deux naissances n'empêchent pas le couple de s'éloigner. Ernest est un chasseur émérite mais qui ne traque pas que le gros gibier des forêts de Cobourg. Dans les salons et les alcôves, il sait aussi se montrer charmeur et séducteur, promettre beaucoup et donner très peu.

Son comportement amoureux le conduit même à faire l'objet d'un scandale européen. En cause, une relation qu'il entretient avec une certaine Pauline-Adélaïde Alexandre (Pauline Panam), une jolie Grecque qui a l'indélicatesse de lui donner un fils. Le prince pense qu'il pourra facilement se débarrasser de cette histoire sans conséquence mais ce serait sans compter la force de caractère de la fameuse Pauline. Alors qu'elle pose des exigences financières considérables (une rente de 15 000 francs et un dédommagement de 30 000 francs... une fortune pour l'époque !), l'ambitieuse se heurte à l'opposition de son ancien amant. Avec un sens consommé – et précurseur – de la communication, la maîtresse éconduite rédige alors un livre destiné à faire scandale : *Mémoires d'une jeune Grecque contre SA Sérénissime le prince régnant de Saxe-Cobourg.*

Son Altesse fait tout pour empêcher la publication de ce témoignage qui portera un dommage considérable à la famille de Cobourg. Pour autant, il est difficile d'empêcher la publication de l'ouvrage à charge en France, d'autant plus qu'il ne porte nullement atteinte au prestige de la dynastie Bourbon. Dès lors, le scandale acquiert une dimension européenne et le prince Léopold doit s'impliquer personnellement pour apaiser l'affaire. Avec son sens aiguisé de la diplomatie, il veille à ce que les compensations financières soient garanties à l'impétueuse maîtresse. Et afin de calmer les passions et les rancœurs, le bâtard princier est élevé au rang de chevalier de Hallenberg. Le jeune homme ne profite pas bien longtemps de cette reconnaissance puisqu'il meurt d'une pleurésie en 1832, à l'âge de vingt-trois ans. Inutile de préciser qu'il se trouve quelques voix à l'époque pour évoquer un assassinat, une rumeur que ne se prive pas de propager sa volcanique mère Pauline qui, privée de son fils et principal argument dans sa lutte contre le Cobourg, retombe vite dans l'anonymat.

Sur le plan politique, Ernest est loin d'avoir la souplesse et le pragmatisme de son frère Léopold. Il veut régner de manière absolue, conformément aux habitudes de la famille. Souverain par la grâce de Dieu, il n'a de comptes à rendre qu'à son maître suprême. En tant que monarque, il estime qu'il est pleinement légitime pour exercer la plénitude des pouvoirs. Il est pourtant obligé d'accepter une constitution pour son Etat, comme cela avait été prévu lors des négociations du congrès de Vienne. Dans les faits, la principauté est encore loin de vivre à l'heure constitutionnelle et c'est toujours le souverain qui détient l'essentiel des pouvoirs sur son petit territoire. Heureusement pour Ernest, le président de la chambre, Christoph von Carlowitz, est loin d'être un libéral. Il devient dès lors un homme clé dans le dispositif du pouvoir à l'ombre de la forteresse de Veste. L'homme est même amené à jouer un rôle primordial dans ce qui reste comme le grand fait de gloire du règne d'Ernest Ier : la redistribution des cartes au sein des différentes branches de la famille. Le 1er février 1825, Frederik IV, duc de Saxe-Cobourg-Altenbourg s'éteint sans descendance. Il s'agit donc, conformément aux antiques traditions familiales, de ne pas laisser s'échapper ses terres et ses titres. Le problème est que différentes branches de la famille (et notamment la lignée de Saxe-Meiningen) s'affrontent pour récupérer l'héritage.

Par son mariage avec Louise, la nièce du dernier duc de Gotha, Ernest estime jouir d'une priorité dans cette délicate affaire. Dans l'ombre, Carlowitz est à la manœuvre et appuie bien évidemment la candidature de son souverain. Les négociations sont âpres et difficiles mais elles aboutissent à ce qu'il est convenu d'appeler un compromis. Le Cobourg abandonne la Saxe-Saalfeld aux Meiningen tandis qu'il récupère la Saxe-Gotha dans son escarcelle. Ernest devient donc officiellement Ernest Ier, premier prince de Saxe-Cobourg et Gotha. Dans la foulée, la famille prend son nouveau nom qui, de l'Angleterre à la Belgique, deviendra le trait d'union du clan à travers l'Europe. Son empire ne compte que cent soixante-quinze mille âmes disséminées sur quatorze mille cinq cents mètres carrés. Si les deux Etats sont réunis sous une même couronne, il ne s'agit pas d'une union mais plutôt d'un assemblage dynastique réuni sous la férule d'un même souverain. Par ailleurs, le très autocratique Ernest n'accorde pas à Gotha les avancées libérales qu'il avait consenties à Cobourg.

Si le prince a remporté un joli succès sur le plan politique, il en va tout autrement de sa vie personnelle. Son épouse, la princesse Louise, alimente depuis quelque temps toutes les rumeurs à Cobourg. On lui prête quelques battements de cœur, des rencontres galantes et même une aventure sérieuse avec un lieutenant de la cavalerie autrichienne nommé Maximiliaan van Hanstein. On tremble au palais quand Louise laisse entendre qu'elle veut quitter son époux pour convoler avec l'homme qu'elle aime. La crise conjugale est d'autant plus difficile à gérer pour le souverain que son épouse se révèle populaire dans la principauté. On lui sait gré de ses actions envers les plus démunis, quant à sa grâce naturelle elle fait merveille lors de ses apparitions en public. Ernest tente le tout pour le tout pour sauver son mariage. Il se montre prévenant et menaçant. Il fait mine de s'éloigner mais lance un espion sur les trousses de son infidèle épouse. L'affaire prend une telle ampleur que les citoyens de la ville s'en mêlent et exigent la réconciliation du couple. Mais rien n'y fait, Louise est résolue au divorce. Dans toute cette affaire qui jette une nouvelle ombre sur le règne d'Ernest, Léopold se garde bien de prendre parti entre son frère et sa belle-sœur. Louise paie cher sa décision radicale, elle perd tous les droits dynastiques et familiaux (surtout envers ses enfants) mais elle obtient enfin ce dont elle a toujours rêvé : la liberté. Elle convole avec l'homme qu'elle aime. Hélas, son bonheur sera de courte durée puisqu'elle décède en 1831.

Ernest est l'aîné des Cobourg et tient à tenir son rang. Pour autant, il ne sera pas à l'origine du fantastique développement du nom à travers l'Europe. Cette mission, c'est son frère Léopold qui s'en chargera avec talent, flair et opiniâtreté. En 1831, le cadet des Cobourg est devenu roi des Belges après avoir refusé de devenir souverain des Hellènes. Lui aussi, un temps approché pour coiffer la couronne grecque, Ernest décline bien vite cette éventualité. Et pendant ce temps, en coulisses, l'impérieuse matriarche Augusta continue à faire ce qui a toujours été sa grande spécialité : marier sa progéniture. A ses yeux, son fils divorcé ne peut pas rester célibataire. Elle lui conseille donc un mariage opportun avec sa nièce Marie de Wurtemberg. Sur le papier, le choix paraît très judicieux et, pour ne rien gâcher, la fille d'Antoinette de Cobourg et d'Alexandre de Wurtemberg est une jeune femme indépendante et intelligente. Elle a beaucoup lu et voue une authentique passion pour tous les arts et, au premier rang d'entre eux, la musique. Elle a la joie d'être, sinon une amie, en tout cas une proche de Franz Liszt.

De son côté, son frère Léopold (l'autre grand marieur de la famille) se demande pourquoi le duc tient à ce point à convoler à nouveau. Après tout, l'aîné a assuré sa succession et son penchant pour les femmes est notoire. Il aurait pu profiter de sa liberté, sans chercher une nouvelle alliance qui ne change, par ailleurs, pas grand-chose à la situation de la famille. Marie est devenue la belle-mère des héritiers Cobourg, dont Albert, le futur prince consort d'Angleterre. Ce dernier entretiendra d'ailleurs de bons rapports avec elle. On ne peut pas en dire autant du mariage et des multiples disputes qui éclatent au sein du couple. Le duc et la duchesse vivent séparés et se retrouvent pour des occasions familiales ou officielles. Mais cette fois, il n'est plus question de divorce. Femme de devoir, volontiers sévère, Marie mène sa propre vie. En 1843, elle adopte un fils d'humble condition. La cause des nécessiteux est devenue pour elle une raison de vivre. Elle s'implique aussi dans un refuge pour les jeunes enfants de Cobourg envers lequel elle se montre très généreuse. Bien sûr, la duchesse exilée sur ses propres terres n'a aucune influence sur la vie politique du petit Etat.

Les dernières années de règne de ce duc qui se sentait à l'étroit dans les frontières de son Etat sont marquées par l'affirmation de ses tendances autoritaires. On lui reproche aussi ses dépenses excessives et sa passion pour les châteaux et les beaux objets. Alors qu'il règne sur Cobourg, ses rêves de grandeur coûtent cher à son modeste territoire. Est-ce pour lui une manière de revanche ? Probablement… Le premier duc de Saxe-Cobourg meurt le 29 janvier 1844. Il reste encore à la duchesse Marie seize belles années à vivre sur cette terre. Certes, elle se retrouve libérée de son encombrant époux, mais il lui faudra assister au règne, très différent et souvent contesté, de son beau-fils.

DEUXIÈME PARTIE

LES HÉRITIERS DE LÉOPOLD

En quelques années, le roi Léopold Ier des Belges a mis en place une véritable « internationale Cobourg » à travers l'Europe. Mais si sa vision de la monarchie passe pour être l'une des plus libérales de l'époque, il ne renonce pas pour autant aux anciennes lois de la couronne. Au premier rang d'entre elles, apparaît la notion de succession qui s'inscrit fort logiquement dans la politique matrimoniale prônée par la maison. Le roi des Belges redoute la mort autant que la décrépitude physique. Mais ce souverain qui n'est pas couronné par la grâce de Dieu sait mieux que quiconque qu'il n'est qu'un mortel parmi les mortels et qu'il lui faut donc garantir l'avenir. Il songe bien sûr à la succession de son trône en Belgique mais pas seulement… Il s'intéresse aussi à d'autres couronnes, celles de Londres et de Lisbonne et bien sûr, celle de Cobourg. En tant que père ou oncle, il dispense ses conseils de bon gouvernement à la manière d'un professeur exigeant, riche de sa propre expérience. Pourtant, le souverain fondateur est loin d'être toujours convaincu par les qualités de ses successeurs. Il se pose notamment la question en Belgique avec son fils Léopold mais aussi à Cobourg avec la succession de son frère qui porte son neveu sur le trône. Pour s'ancrer dans la durée, il est essentiel de conserver de bons rapports entre les différentes branches de la famille. C'est d'autant plus important que les Cobourg possèdent désormais des branches luthérienne, catholique et bientôt orthodoxe. Encore une manifestation de la formidable faculté d'adaptation de la dynastie. Non sans jalousie, une expression largement répandue au XIXe siècle affirme qu'il suffit qu'« une couronne tombe à terre pour qu'un Cobourg se baisse et la ramasse ». Cette manière peu élégante de présenter la famille comme un clan d'arrivistes sous-entendait aussi le caractère éphémère de l'entreprise Cobourg. Comme si un opportunisme dépourvu de véritable ambition ne pouvait conduire qu'à la déroute de la famille. Contre toute attente, la nouvelle génération réussit à asseoir l'œuvre du fondateur. Même si, insensiblement, le centre de gravité familial se déplace. De Cobourg, il est passé à Bruxelles avant de franchir la Manche pour s'ancrer durablement en Angleterre.

9

A Lisbonne, Ferdinand, entre Cobourg et Bragance

Dans les années 1830, l'autre terre d'élection des Cobourg se trouve au sud de l'Europe, du côté du Portugal. Ce nouvel ancrage territorial repose lui aussi sur une alliance matrimoniale. Les Cobourg ont marqué les derniers feux de la dynastie de Bragance, au point de finir par se confondre avec elle.

A l'origine de la lignée apparaît Ferdinand de Saxe-Cobourg-Saalfeld. Le prince a un an de moins que son aîné Ernest et cinq ans de plus que son cadet Léopold. En 1816, il épouse à Vienne la princesse Maria Antonia Kohary de Casabrag et Szitnya. La jeune femme n'est peut-être pas de la plus haute extraction mais elle présente l'avantage d'être riche, et surtout, d'être la seule héritière de son père. Ce mariage vaut donc bien une conversion au catholicisme pour le jeune Cobourg qui voit dans cette union la garantie d'un bon établissement. Le couple célèbre son union dans le faste et s'installe dans le prestigieux palais Cobourg de la capitale viennoise. Quatre enfants couronnent l'hymen dont un prince nommé Ferdinand qui naît le 28 octobre 1816. En grandissant, le jeune homme se révèle séduisant et représente bientôt l'une des clés de la politique dynastique des Cobourg.

En marge des branches protestante et anglicane, se développe à présent une branche catholique qui jouera un rôle crucial au nord (en Belgique), comme au sud de l'Europe (au Portugal). Le rapprochement avec les familles catholiques n'est pas nouveau pour les Cobourg. A travers les unions de Léopold en Belgique ou de Philippe à Vienne, la famille est déjà plusieurs fois liée aux Orléans. De Bruxelles, Léopold Ier caresse de grands projets pour son neveu Ferdinand en lequel il se reconnaît un peu. Un jeune homme séduisant, doté de bonnes manières et d'une excellente éducation, on ne peut pas rêver mieux pour partir à la conquête d'un nouveau trône. Hélas, Ferdinand n'a pas hérité d'une nature ambitieuse et Léopold redoute même qu'il ne soit dépourvu de tout sens politique. Optimiste, le roi des Belges estime qu'il n'aura qu'à faire son apprentissage sur le tas. Après tout, il n'existe pas d'école pour les rois ou les princes et rien ne remplace l'expérience en ces matières délicates.

L'intérêt du meilleur marieur d'Europe se porte sur le Portugal et sa souveraine fraîchement veuve Maria II da Gloria. Au Portugal, la maison de Bragance a grandement besoin de sang frais et princier pour assurer sa position et sa postérité. C'est d'autant plus vrai que, chez les Bragance, les mariages se concluaient depuis trop longtemps en famille. Malgré son jeune âge, Maria avait déjà connu une vie des plus aventureuses. Fille aînée du roi Pierre IV, elle était née au Brésil où la famille royale était en exil pour cause d'occupation napoléonienne. Son père avait abdiqué en sa faveur en 1826 mais elle avait été chassée de son trône par son oncle, l'infant Michel. L'affaire se compliqua encore par le fait que « l'usurpateur » avait été son fugace fiancé. Son père qui était devenu entre-temps empereur du Brésil récupéra le trône portugais dont s'était emparé son frère et il choisit de le rendre à sa fille Maria. Entre-temps, Maria avait épousé Auguste, le duc de Leuchtenberg et fils d'Eugène de Beauharnais et d'Augusta-Amelia de Bavière. Hélas, il était mort deux mois à peine après le mariage.

La pauvre Maria était d'autant plus inconsolable qu'elle avait fait un mariage d'inclination et qu'elle savait que les parlementaires la pressaient de trouver un nouvel époux pour éviter que le pays ne sombre dans l'anarchie. De toute évidence, il fallait trouver un candidat issu d'une bonne famille et neutre pour garantir la tranquillité du royaume. Une fois encore, Léopold Ier est à la manœuvre. Il plaide la cause de son neveu et, fidèle à son tempérament, il suit de près les négociations concernant les émoluments du nouveau prince. Si celui-ci doit renoncer à son héritage en Hongrie, il peut compter sur une solide dotation dans son pays d'adoption. Avant de découvrir Lisbonne, il effectue une tournée diplomatique des capitales Cobourg et Orléans. Le prince rend visite à son oncle Léopold à Bruxelles (qui lui prodigue, à son habitude, de nombreux conseils), à Victoria et Albert en Angleterre ainsi qu'à Louis-Philippe à Paris. De l'avis général, le futur souverain laisse une bonne impression. De toute évidence, l'entreprise Cobourg se porte bien et progresse même sur le continent.

Mais le royaume de Portugal ne ressemble guère à la Belgique ou à l'Angleterre. Le pays souffre d'une corruption endémique à large échelle et, comme il n'est pas encore engagé sur la voie de la révolution industrielle, reste très dépendant d'une agriculture qui apparaît souvent dépassée. Pour ne rien faciliter, il y faut toujours naviguer entre les intérêts – pas nécessairement identiques – de la couronne et de la religion. Dans un pays doté d'une longue tradition nationale qui accepte difficilement les greffes étrangères, l'arrivée du prince Cobourg n'est pas toujours bien accueillie. Heureusement, le mariage se révèle être une union heureuse et particulièrement féconde. Pas moins de douze enfants verront le jour entre 1837 et 1853. Au fil des nombreuses grossesses de la souveraine, Ferdinand II, le roi consort, se retrouve en première position. Conscient des difficultés du pays, Léopold Ier fait jouer la solidarité Cobourg et envoie des conseillers pour assister son neveu. Le pays est instable et sa situation économique préoccupante. La monarchie constitutionnelle à la portugaise apparaît difficile à instaurer sur les rives du Tage où le légendaire pragmatisme Cobourg peine à faire ses preuves. Les libéraux se déchirent entre septembristes et chartistes qui poursuivent des conceptions radicalement opposées de l'Etat. En 1842, l'autoritaire Costa Cabral proclame le retour de la Charte. Il met en place un vaste programme de réformes destinées à moderniser le pays. Quatre ans plus tard, une révolution exige l'instauration de la république, et cette fois, l'Angleterre, la France et l'Espagne sont appelées à la rescousse pour sauver la couronne. Quelques mois plus tard, les rebelles déposent les armes. Pendant ces événements, la souveraine poursuit ses grossesses avec une régularité qui force l'admiration.

Hélas, la pauvre Maria ne se relève pas de son dernier accouchement, en 1853. Ferdinand se retrouve donc régent, souverain Cobourg « de fait » d'un royaume théoriquement Bragance. De Londres à Lisbonne en passant par Bruxelles et Cobourg, la famille étend sa toile à travers l'Europe royale. Elle apparaît plus que jamais comme la dynastie qui monte au firmament de la politique royale de ce milieu de XIXe siècle. Au Portugal, nombreux regrettent que le Cobourg surnommé le

« roi-artiste » décide de se retirer des affaires quand son fils Pedro atteint la majorité en 1855. De toute évidence, le prince consort veut revenir à ses premières amours. Il se consacre corps et âme à sa passion pour l'art sous toutes ses formes. Un prince musicien et peintre mais aussi un prince défenseur du patrimoine portugais qui était, à l'époque, dans un bien triste état. Quand on lui propose le trône de Grèce en 1862 (c'est décidément une habitude chez les Cobourg !), le prince refuse prudemment : il ne veut plus entendre parler de politique. D'un point de vue personnel, il ne renonce pas aux sirènes de l'amour en convolant en 1869 avec Elisa Hensler une chanteuse d'opéra américaine.

La noblesse portugaise est scandalisée par cette mésalliance mais le prince ne s'en soucie pas. Il compte bien mener sa vie comme il l'entend. Il est d'autant plus heureux qu'il devient aussi le père comblé d'une petite Alice qui sera son ultime enfant. Pour abriter les bonheurs simples de ses dernières années, le prince a fait construire le merveilleux palais de Pena dans le cadre enchanteur de Cintra. Le 15 décembre 1885, Ferdinand s'éteint mais les polémiques redoublent. En cause cette fois, sa volonté de laisser un considérable héritage à sa dernière épouse et à sa fille. Si les Cobourg règnent, *de facto*, à Lisbonne, ils y ont pris le nom de Bragance, une dynastie qui apparaît indissociable de l'histoire du pays. Se succéderont encore sur le trône Pedro V, Louis Ier, Charles Ier et enfin Manuel II. Le dernier roi du Portugal sera chassé par une révolution et envoyé chez ses cousins anglais à Londres. On l'a un peu oublié aujourd'hui mais la maison de Cobourg a incarné le crépuscule de près de huit siècles de monarchie au Portugal.

10

A Bruxelles, Léopold II, le pharaon Cobourg

Le deuxième roi des Belges est né Saxe-Cobourg, mais il tient de sa mère son sang Orléans et un grand penchant pour la France qui ne le quittera jamais. Léopold II fut assurément le plus Orléans des Cobourg. Peut-être aussi le plus grand des rois des Belges et le plus contesté.

De tous les Cobourg parvenus sur un trône, Léopold II de Belgique est celui qui a concentré le plus de jugements violents à son égard. Aujourd'hui encore, il est difficile de brosser un portrait dépassionné du souverain qui a hissé son pays au rang des plus grandes nations, en dépit de sa petite taille. Premier souverain Cobourg catholique de la Belgique indépendante, Léopold II est avant tout un homme de son temps. Né en 1835 il incarne d'emblée toutes les ambitions de son père. Son désir le plus cher étant d'installer dans la durée la lignée Cobourg à Bruxelles, il lui faut un héritier en bonne santé pour pérenniser la dynastie. Pour autant, les relations entre le père et le fils se révèlent de plus en plus difficiles, à mesure que le duc de Brabant grandit et affirme son caractère. Léopold Ier se méfie d'un fils au regard fuyant et à la prudence de Sioux. Il lui reproche de manquer d'application et le soupçonne d'ourdir des petites machinations à son avantage. Il le compare volontiers à un renard qui jauge prudemment le danger avant de s'engager dans un sentier hasardeux.

« Léopold est madré et rusé; il ne marche pas à l'aventure; l'autre jour, étant à Ardenne, je vis un renard qui voulait passer la rivière à gué; il mit d'abord une patte pour sentir si elle était froide, puis il la posa doucement pour apprécier si l'eau était profonde et passa ensuite avec mille précautions et très lentement. Ainsi fait Léopold. »

De son côté, Léo (c'est le surnom, plus pratique qu'affectueux, que lui donnent ses parents) fait l'expérience d'une vie d'enfant où l'amour ne tient pas une grande place. La mort de sa mère, la reine Louise-Marie, le prive encore un peu plus d'une affection que son père est incapable de lui apporter. D'ailleurs, lorsqu'il désire lui parler, il est tenu de solliciter une entrevue de manière formelle, comme c'est le cas pour n'importe lequel de ses visiteurs. En vérité, ces deux hommes sont peut-être trop semblables pour pouvoir véritablement s'apprécier. Ils sont tous les deux animés par la même volonté de régner et possèdent, l'un et l'autre, une ambition sans limites. Toutefois, les moyens de parvenir à leurs fins diffèrent sensiblement.

Depuis toujours, Léo ne cherche pas à se faire aimer. Au contraire, il se montre cassant avec son frère Philippe et cynique avec sa sœur Charlotte. Il se persuade dès son plus jeune âge qu'un homme de sa condition ne doit jamais révéler ses émotions. Le mariage de Léopold avec Marie-Henriette en 1853 illustre bien le pragmatisme d'un prince qui ne juge en aucun cas nécessaire de mêler les ambitions aux sentiments. D'emblée, le courant passe mal entre ces deux personnages qui, de toute évidence, ne sont pas faits l'un pour l'autre. Marie-Henriette se moque du grand nez de son époux et n'aime pas les airs supérieurs qu'il se donne. Léopold juge son épouse dépourvue de grâce, peu intelligente et son rire rauque l'indispose souverainement. A son arrivée à Bruxelles, la duchesse de Brabant était encore une jeune femme gaie et pleine de vie. Au contact de son époux, elle deviendra une femme acariâtre et froide.

Le premier voyage du couple, son voyage de noces prend l'allure d'une découverte du monde. Les princes globe-trotters découvrent Venise, l'Egypte, la Palestine, le Liban, la Syrie, Chypre et, sur le chemin du retour, l'Italie (Naples, Pompéi, Rome, Turin). Le duc de Brabant se révèle enchanté de quitter les frontières de son petit pays et paraît avide de s'ouvrir à de nouveaux horizons. Dans les années qui suivent, il entreprend de nouveaux voyages, de plus en plus lointains, et cette fois il prend bien soin de ne pas emmener son encombrante épouse. L'homme possède une fibre d'entrepreneur et échafaude de grands projets pour le pays. Il rencontre Ferdinand de Lesseps et s'enthousiasme pour son idée de canal, tout en se méfiant du personnage. Léopold n'est pas homme à accorder facilement sa confiance, il lui faut toujours du temps avant de se décider. Au passage, il se convainc aussi (tout comme son père) que la Belgique se doit impérativement de posséder une colonie afin de poursuivre son développement économique et de s'affirmer sur la scène internationale. Pour bien se faire entendre, il envoie même une plaque de marbre du Parthénon à un ministre, sur laquelle il fait graver la phrase prophétique : « Il faut donner une colonie à la Belgique. » De cette manière un brin emphatique, le message qu'il adresse à la classe politique a au moins le mérite d'être clair ! Il met le cap sur l'Inde, Ceylan, Singapour, la Birmanie, la Chine et compte bien découvrir l'empire du Japon. Tout au long de ses voyages, il observe, prend d'innombrables notes, achète des antiquités mais, surtout, il respire. Il se sent l'âme d'un homme libre, appelé à un grand destin.

L'état de santé de son père, de plus en plus précaire, le pousse à rentrer en Belgique. Le fondateur de la dynastie meurt le 10 décembre 1865 et le duc de Brabant lui succède après avoir chanté les louanges du fondateur de la dynastie face aux Chambres réunies. En Belgique, la greffe Cobourg semble solide et la première succession royale s'opère sans la moindre contestation. Léopold II promet de s'inspirer de l'exemple de son père et de se donner corps et âme pour son pays.

« La Belgique a, comme moi, perdu un père. L'hommage si unanime que la nation rend à sa mémoire répond dignement aux sentiments qu'elle lui a voués pendant sa vie. Si je ne promets à la Belgique ni un grand règne comme celui qui a fondé son indépendance, ni un grand roi comme celui que nous pleurons, je lui promets du moins un roi belge de cœur et d'âme dont la vie entière lui appartient. »

Ce discours empreint de respect constitue le début d'un règne qui bouleversera en profondeur le visage de son pays. Il marquera l'histoire mais, paradoxalement, il déplacera aussi le centre de gravité de la zone d'influence Cobourg. Alors que Léopold Ier est toujours apparu au cœur du jeu familial, ce rôle est désormais dévolu à la reine Victoria, la matriarche élevée au rang de plus grande souveraine du monde, fille de Cobourg, épouse de Cobourg et mère du premier souverain Cobourg du Royaume-Uni. Souverain d'un petit royaume, Léopold II apparaît en deuxième ligne et d'ailleurs, son caractère difficile ne lui permettra jamais d'assumer la position d'un chef de famille à l'autorité incontestée sur l'ensemble du clan Cobourg.

D'une génération à l'autre, les priorités familiales ont changé. Pour Léopold II, ce n'est plus l'intérêt de la famille Saxe-Cobourg qu'il place au cœur de ses ambitions, mais bien celui de son royaume. Quitte pour cela à entrer en conflit avec d'autres Cobourg, ce qu'il ne manquera pas de faire. Sur le plan diplomatique, il dévoile sa nature de caméléon : français avec les Français, anglais avec les Anglais, allemand avec les Allemands... Les racines familiales sont suffisamment riches pour être utilisées avec intelligence. Fin politique, Léopold II sait être Cobourg quand il le faut, Orléans quand il le veut... et Belge en toutes circonstances ! Son histoire personnelle est d'ailleurs bien différente de celle de son père. Il est né fils de roi et ses combats ne sont pas ceux de son prédécesseur qui avait été contraint de conquérir un trône à la force de sa volonté.

En Belgique, le deuxième souverain règne conformément à ses prérogatives constitutionnelles mais dans la pleine jouissance de ses droits et privilèges. C'est un monarque de la génération d'un Napoléon III en France ou d'un Bismarck en Allemagne. Un de ces hommes qui ne cachent pas leurs ambitions à une époque où l'Europe occupe encore la place centrale du monde. Il est le roi de la révolution industrielle et des grands chantiers. Précurseur, il s'appuie sur la grande bourgeoisie industrielle d'autant plus facilement qu'il considère, d'une certaine manière, qu'il en fait partie. En effet, Sa Majesté négocie des affaires dont la plus juteuse sera la colossale entreprise du Congo. Debout chaque matin à l'aurore, le souverain est un bourreau de travail et il en attend tout autant de la part de ses collaborateurs. Maniaque du contrôle, il veut tout savoir, tout maîtriser et tout suivre.

Cette obsession de la maîtrise des choses et des êtres ne laisse rien au hasard. De la forme des trottoirs à Bruxelles jusqu'aux questions politiques les plus importantes, en passant par les progrès de l'électricité, rien ne doit lui échapper. En guise d'exemple, cette petite note manuscrite trouvée dans les archives du palais de Bruxelles : « La rue peut être légèrement en pente vers l'allée des piétons et l'on pourrait entre cette dernière et l'allée du milieu grattant un peu la terre, former un écoulement pour les eaux. »

D'un point de vue politique, le souverain se contente de suivre (non sans afficher ses préférences) l'alternance catholique et libérale, sans encore envisager sérieusement l'émergence des forces socialistes. A l'image des grands capitalistes de la seconde moitié du siècle, il se soucie très peu du sort des laissés-pour-compte. La Belgique est réputée pour la qualité et le très bas coût de sa main-d'œuvre. Il est néanmoins contraint de s'engager dans l'épineuse question du travail des enfants. Sous son règne, la Belgique accède au deuxième rang des plus grandes puissances économiques mondiales, une réussite qui fait de nombreux jaloux et, partant, pas mal d'ennemis. D'une certaine façon, il invente une manière très personnelle de régner en devenant un « monarque constitutionnel absolu ».

Comme souvent chez les Cobourg, la clé de la réussite se niche au fond des forêts, cette fois beaucoup plus lointaines… La poule aux œufs d'or de Sa Majesté se trouve au cœur des forêts profondes de l'Afrique centrale. Après avoir beaucoup hésité entre différentes pistes d'établissement de colonie, il jette son dévolu sur le Congo et s'attache les services de l'explorateur et aventurier anglais Henry Stanley. Dans cette entreprise, il engage ses fonds propres et il risque gros. Combien de fois son épouse la reine Marie-Henriette lui lance-t-elle : « Tu vas nous ruiner avec ton Congo, Léopold ! » Le souverain finit même par se trouver au bord du gouffre et son gouvernement voit arriver avec terreur le moment où le roi des Belges sera déclaré en faillite et où il faudra le renflouer. Mais, comme tout entrepreneur, Léopold croit en la réussite de son investissement et il ne compte pas dévier de sa route. Son ambition est claire et il la formule sans détour : « Il faut qu'un jour le drapeau belge flotte dans les 5 parties du monde. La Belgique doit devenir la capitale de l'Empire belge qui se composera, Dieu aidant, des îles du Pacifique, de Bornéo, de quelque point de l'Afrique et de l'Amérique, et enfin de portions de la Chine et du Japon. Voilà mon but, je suis le seul à le poursuivre, en surexcitant la fibre nationale, je me crée des apôtres et des soutiens. [...] Bruxelles deviendra le centre de l'Empire belge tel que je l'ai défini. »

Léopold II commence par faire reconnaître ses droits sur ce gigantesque territoire lors de la conférence de Berlin en 1885. Pour parvenir à ses fins, le roi des Belges met en avant des arguments de civilisation et se défend de toute ambition personnelle. Tout le monde rit sous cape en écoutant ces arguments discutables mais le dossier belge finit par l'emporter, au grand dam des Anglais qui sont en pleine composition de leur empire colonial à la taille de la planète. Sur ce dossier, deux Saxe-Cobourg – Victoria et Léopold – s'affrontent et, cette fois, ce n'est pas la plus puissante qui l'emportera. Destiné à enrichir la Belgique et son souverain, le royaume africain ne revient pas dans un premier temps à la Belgique. De toute façon, le gouvernement qui ne partage pas les visions impérialistes de son souverain n'en veut pas. En toute logique léopoldienne, le Congo est donc constitué en royaume indépendant avec le Cobourg à sa tête. Un immense territoire sur lequel il règne de manière absolue mais où il ne posera jamais un pied. Mais Victoria est-elle allée un jour en Inde ?

Après des débuts difficiles, l'affaire africaine se révèle être une extraordinaire source de richesses quand l'invention du pneumatique rend indispensable la production de caoutchouc à grande échelle. Le succès de l'entreprise s'accompagne rapidement de vives critiques sur les conditions de travail et l'exploitation des populations indigènes. La presse évoque des déplacements de population meurtriers, et surtout, des mains coupées pour les récalcitrants au travail, adultes ou enfants ! Dans les faits, jamais Léopold II ne donnera l'ordre de couper des mains mais, pour mener à bien son entreprise coloniale, il s'appuie sur une poignée d'aventuriers, peu sujets aux scrupules humanitaires. Au début de l'entreprise, rares sont ceux qui sont prêts à faire le voyage et ceux qui le font ont souvent un passé à fuir ou la soif de s'enrichir. Léopold ne s'oppose pas au travail forcé et sa colonisation personnelle est à l'origine de nombreux décès, mais les historiens n'ont pas fini de s'affronter sur l'aspect génocidaire de sa politique. Jamais le souverain n'a donné l'ordre de massacres systématiques destinés à exterminer une population ou une ethnie.

Il est intéressant de constater que les plus fervents adversaires du souverain colonialiste sont les Britanniques qui ne brillent pas par la douceur de leurs méthodes dans leurs propres colonies. La grande différence avec sa cousine Victoria, juchée du haut de son trône, réside dans le fait que le Cobourg de Belgique a participé lui-même à l'entreprise. Son Congo ne lui a pas été apporté par son personnel politique sur un plateau d'argent. Il a engagé son honneur, sa réputation et même sa fortune dans l'affaire africaine et ses fantômes sanglants ne le quitteront jamais. Inexorablement, les deux branches Cobourg continuent de s'éloigner au fil de l'émergence des intérêts nationaux anglais et belges qui apparaissent de plus en plus antagonistes sur la scène internationale. William Parsons, un businessman américain, dénonce : « Comme vous le savez, les actions belges se trouvent concentrées entre les mains du roi. Il est devenu à présent si dictatorial que ses propres représentants ont dû quitter le conseil d'administration… Nous ne pouvons cependant plus continuer à livrer nos intérêts et notre argent aux caprices d'un homme qui, malheureusement pour nous, n'est pas un homme d'affaires et qui, parfois, mélange les prérogatives royales avec les pratiques commerciales. »

Mais il n'y a pas que les relations familiales à prendre en compte, en Belgique aussi il lui faut convaincre les sceptiques du bien-fondé de l'aventure africaine. Il va jusqu'à organiser une exposition coloniale mémorable à Tervuren et associer les plus grands artistes de son temps pour rendre son Congo plus populaire. Paul Hankar, Georges Hobé, Henry Van de Velde et Gustave Serrurier-Bovy subliment bois exotiques, ivoire et métaux précieux pour montrer au grand public les merveilles qui peuvent être réalisées au départ de tels matériaux. L'opération remporte un succès sans précédent. Léopold II est convaincu qu'il doit tirer son peuple vers le haut, au risque de le forcer à quitter ses trop rassurantes certitudes : « L'éducation du peuple se fait par les yeux, par la contemplation et le contraste du beau autant que par l'école et par les livres ; ainsi se forme et s'affirme le goût public. » L'opération se révèle être à la fois une victoire économique mais aussi d'image pour le Cobourg souvent attaqué dans ses rêves de grandeur.

Le pharaon des Belges porte une double couronne mais il a parfois moins de facilité à exercer son pouvoir sur sa famille. Sa mésentente avec son épouse Marie-Henriette est proverbiale. Celle-ci affirme qu'elle a plus souvent vu son époux sur les pièces de son porte-monnaie que dans son lit. A ses intimes, elle ajoute dans un de ses rares sourires que ce n'est d'ailleurs pas nécessairement pour lui déplaire. Dans ce mariage qui unit une religieuse avec un palefrenier (mais le palefrenier en l'occurrence est la reine !), Marie-Henriette souffre de n'avoir donné qu'un fils (mort prématurément) et trois filles à la couronne. Léopold ne le lui pardonne pas et elle est obligée de subir les multiples infidélités de son époux. En bon Cobourg, le roi a le sang chaud et il ne cesse de succomber aux tentations qui ne manquent pas et qu'il va jusqu'à susciter. Léopold est déçu de sa famille en Belgique : une femme qu'il n'aime pas, des filles qui ne se montrent pas à la hauteur de ses ambitions et il n'a pas coupé tous les ponts avec sa famille Cobourg qu'il rencontre lors de ses voyages en Allemagne. Soucieux du patrimoine familial, il a notamment repris la demeure de Niederfüllbach, si chère à son père, qu'il utilise pour y établir une fondation qui lui permettra de mettre une partie de sa fortune à l'abri.

En Belgique, Léopold II fait l'objet de toutes les attaques et de toutes les caricatures. Sa physionomie hautement reconnaissable en fait même une cible idéale. Une haute stature, une longue barbe, un grand nez et de petites lunettes, ainsi est croqué « l'abominable » Cobourg de Belgique ! On le raille surtout pour ses affaires de cœur et sa relation avec une certaine Blanche Delacroix devenue, par faveur royale, la ci-devant baronne Vaughan. Inutile de dire que la bluette royale fait rire dans les estaminets des Marolles, le quartier le plus populaire de Bruxelles ! Parvenu au soir de sa vie, Léopold se prend de passion pour cette brune bien en chair comme il les apprécie. Auparavant, son itinéraire amoureux est jalonné de multiples conquêtes qui sont souvent de simples passades qu'il sait généreusement récompenser pour leur discrétion. Un jour, un curé l'entreprend en public : « Sire, on dit que Votre Majesté a une maîtresse. » Le roi répond sans se laisser déstabiliser : « Imaginez-vous, Monsieur le Doyen, qu'on m'a dit la même chose de vous… Mais moi, je ne l'ai pas cru. » La vérité est que le roi est très amoureux de la dénommée Blanche qui va lui donner deux fils et qu'il va combler, en retour, de bienfaits. Arrivé au soir de sa vie, il l'appelle « très belle » et elle lui répond en le nommant « très vieux ». Alors que son épouse a été incapable d'assurer la succession au trône, il se voit, sur le tard, père de deux garçons prénommés Lucien et Philippe. Le coup est rude, à la fois par son ironie cruelle mais aussi par le manque d'incidence que ces naissances hors mariage auront sur la couronne. Par ailleurs, le petit Philippe est né avec une déformation au bras et l'on murmure à travers tout Bruxelles qu'il s'agissait d'une punition de Dieu suite aux traitements que son père avait réservé aux petits indigènes au Congo.

Depuis longtemps éloignée de la vie publique, Marie-Henriette meurt en 1902 dans sa chère ville de Spa. Contre toute attente, le roi est sincèrement affligé par cette disparition qui annonce aussi sa fin prochaine. Comme son père, le Cobourg a peur de la mort, d'autant plus qu'il partage sa vie de vieillard avec une femme plus jeune. Au soir de sa vie, il se retire dans le pavillon des Palmiers, une construction enchâssée dans l'extraordinaire « ville de cristal » qu'il s'est offerte dans son château de Laeken. Les plus belles serres du monde abritent nombre d'essences rares dont certaines sont issues de ce lointain Congo qu'il n'a jamais exploré. C'est dans ce pavillon qu'il épouse Blanche Delacroix, « sa » baronne de Vaughan, le 14 décembre 1909. A la manière d'une

Mme de Maintenon et de Louis XIV, cette union doit demeurer secrète.

Léopold II s'éteint trois jours plus tard, peu après avoir signé la loi sur le service militaire obligatoire qui lui tenait tellement à cœur. Une fois encore, il s'est montré visionnaire et a longuement ferraillé contre les politiques pour imposer sa volonté. Qui aurait pu penser que la neutre Belgique basculerait dans la guerre cinq ans plus tard ? Prévoyant sa fin prochaine, il avait exigé des obsèques discrètes qui lui sont refusées. Léopold II n'ignorait rien de son impopularité et voulait éviter que la foule ne conspuât son cortège funèbre : « Je veux être enterré de grand matin, sans aucune pompe. A part mon neveu Albert et ma maison, je défends qu'on suive ma dépouille. »

Peu enclins aux débordements d'émotion ou de haine, les Belges n'iront pas jusque-là mais ils pleurent peu la mort de leur deuxième souverain Cobourg qu'ils n'ont jamais compris mais qui a profondément changé le visage de son pays. Et tandis que le cortège funèbre passe dans les rues du quartier royal, des vendeurs à la sauvette proposent à bon prix des images du Cobourg et de sa favorite. La baronne Vaughan s'est déjà enfuie vers la France avec des malles pleines d'argent du Congo. De quoi s'assurer une paisible retraite, loin du royaume de son royal amant. La scandaleuse s'éteindra en 1948 à Cambo-les-Bains dans les Pyrénées-Atlantiques qui fut aussi le refuge d'Edmond Rostand. De Léopold à Cyrano, l'épopée reste toujours une histoire de long nez et d'ambition.

11

A Mexico, Charlotte, une Cobourg à l'assaut du Nouveau Monde

Connue pour être l'une des plus jolies princesses d'Europe, elle est aussi l'une des plus ambitieuses. En digne fille Cobourg, Charlotte rêve d'une situation à la hauteur de ses espérances. Une couronne impériale comblera ses attentes mais signera aussi la tragédie de sa longue existence.

Née en 1840, entre deux épisodes révolutionnaires, Charlotte de Saxe-Cobourg est l'unique fille du premier roi des Belges, Léopold Ier et de sa troisième épouse, Louise-Marie d'Orléans. A cette époque, le prince Cobourg devenu roi des Belges a atteint les cinquante ans. Il décide lui-même que sa fille s'appellera Charlotte, en souvenir du prénom de son grand amour défunt. Et tant pis si cette touchante attention ne remplit pas de joie la reine Louise qui a appris depuis longtemps à être docile face aux exigences de son époux qu'elle partage avec le fantôme d'un amour disparu. Quand il s'agit de son enfant, le souverain strict et souvent cassant est capable de devenir un autre homme. Pour Charlotte, il est même prêt à oublier sa rigueur germanique et le poids de sa charge. Quand il se retire dans sa chère tour des Rochers de

Houyet, dominant la rivière dans son domaine d'Ardenne, il envoie quotidiennement à sa fille adorée des lettres douces qu'il adresse à son « cher Bijou ». Le Cobourg se montre tendre comme il ne l'a jamais été et lui exprime toute son impatience de pouvoir bientôt la serrer contre son cœur avant de la prendre sur ses genoux. Très jeune, Charlotte est parfaitement consciente de la fascination qu'elle exerce sur son père ainsi que de la place privilégiée qui est la sienne au cœur de la branche belge des Cobourg. Enfant coquette, joyeuse et choyée, la petite princesse fait l'objet de l'attention de tous au Palais royal.

Pour autant, la fillette n'est pas à l'abri des drames. Alors qu'elle n'est âgée que de dix ans, elle connaît un terrible chagrin qui la marquera à jamais. Le 11 octobre 1850, sa mère Louise-Marie s'éteint dans sa maison d'Ostende et la petite Charlotte ressent un vide cruel. Certes, son père lui conserve tout son amour mais l'homme est d'un tempérament froid et avare en marques d'affection. La douceur de la reine défunte manquera cruellement à la petite orpheline, d'autant plus qu'elle doit composer avec ses deux frères : le très cynique Léopold et le trop doux Philippe. Il n'est pas toujours facile de s'entendre avec de tels frères, d'autant plus qu'ils lui reprochent plus ou moins ouvertement d'être la préférée de leur père. En effet, Léopold demeure le plus précieux allié et soutien de Charlotte mais il est souvent absent. Un vide que ne réussissent pas à combler ses lettres, même enflammées.

Les années passant, la question du mariage commence à se poser. Bien entendu, l'union de l'unique fille du premier souverain belge ne peut être qu'une affaire d'Etat. Paradoxalement, dans le cas précis de sa fille, Léopold ne veut pas suivre l'ancienne mode matrimoniale. Lui, le grand marieur de l'Europe dynastique, veut éviter à tout prix que sa fille ne soit malheureuse dans son engagement conjugal. Il faut dire que Charlotte est la première à affirmer des exigences particulièrement précises. Il lui faut non seulement trouver un homme qu'elle pourra aimer (et qui l'aimera) mais aussi un parti qui lui apportera la situation et le prestige auxquels elle estime avoir droit. Les candidatures sont soigneusement examinées et, chose rare pour l'époque, Charlotte a voix au chapitre concernant cette question éminemment intime. Et il faut dire que les candidats ne manquent pas ! Charlotte reçoit la demande en mariage de Georges de Saxe et ensuite de Pedro V, le jeune roi du Portugal. Certes, une couronne royale est de nature à séduire une jeune fille qui a possédé, dès son plus jeune âge, une très haute opinion de son nom et de son destin. Charlotte brûle de découvrir Pedro et son royaume exotique mais, poussé par ses préjugés, son entourage la met en garde de ne pas tomber dans le piège d'un pays éloigné du monde civilisé et peuplé de sauvages. En désespoir d'arguments, on chuchote même que ce Pedro serait un homme hirsute, plus poilu qu'un singe. Cependant, Charlotte est résolue à suivre la « piste portugaise », pour un temps.

L'ambition nuptiale de Charlotte se reporte finalement sur un autre candidat, viennois. Celui-ci n'est autre que Maximilien de Habsbourg, le propre frère de l'empereur François-Joseph et beau-frère de l'impératrice Elisabeth, la mythique Sissi. Aucun trône ne lui est destiné mais la simple évocation de son nom suffit à faire briller les yeux de la jeune femme. La princesse aux convictions très conservatrices ignore encore que son promis est connu pour ses idées libérales et qu'il entre souvent en conflit avec son frère aîné. Il apprécie la compagnie des intellectuels de salon et n'aime rien autant que de proférer des avis allant à contre-courant de l'opinion générale. On a omis de lui parler de son caractère faible et de ses accès de nervosité. Bien sûr, on a surtout veillé à ce que la jeune Cobourg ne découvre pas les exploits amoureux d'un prince qui a toujours été très porté sur le sexe faible.

Charlotte est convaincue de son atout physique, elle sait qu'elle peut compter sur ses traits fins et réguliers pour séduire un homme. Dans un premier temps, elle ne veut voir en Maximilien qu'un beau prince au regard mélancolique et doté d'un des noms les plus prestigieux du gotha. L'archiduc autrichien ne cache pas son enthousiasme en découvrant les portraits de sa promise. Il semble sous le charme de sa chevelure foncée et des lignes parfaites de son visage. Maximilien est très satisfait et il se convainc d'avoir enfin trouvé la femme qui le rendra heureux. Et pourtant, il écrit à son propos – non sans humour – un jugement qui se révélera dans la vie du couple :

« Elle est petite, je suis grand, ce qui doit être. Elle est brune, je suis blond, ce qui est bien aussi. Elle est très intelligente, ce qui est un peu ennuyeux mais sans doute en viendrai-je à bout. »

La préparation du mariage devait être un moment de bonheur mêlé d'une certaine anxiété. La plus belle journée d'une vie mérite qu'on lui apporte tout le soin nécessaire. Les choses sont moins simples pour Charlotte. En ces heures particulières, elle ressent cruellement l'absence de sa mère, et surtout, elle se plaint du fait que les lettres de Maximilien commencent, déjà, à se faire plus rares. Pour ne rien arranger, elle a eu vent des exigences financières de son époux qui se révèle être un homme intéressé. En bon Cobourg, le roi Léopold sait compter et il négocie le montant de la dot comme il l'aurait fait de n'importe quelle transaction commerciale. Au milieu de ces marchandages dépourvus de romantisme, Charlotte tente de conserver intacts ses rêves de petite fille. Elle tient fermement à ce mariage et rien ne la détournera de son ambition. Au XIXe siècle, les mariages princiers n'ont pas encore le retentissement médiatique qu'ils connaissent aujourd'hui mais l'affaire nuptiale fait grand bruit entre Bruxelles et Vienne. La date de la cérémonie est fixée au 27 juillet 1857. Comme il est de coutume, le mariage est célébré dans la ville de la mariée. La population de la capitale belge se montre enthousiaste, une effervescence qui traduit la réelle popularité de la jolie princesse dans son pays. Charlotte est la première des Cobourg belges à passer l'anneau au doigt et son mariage apparaît comme une réussite éclatante. De toute évidence, la célèbre stratégie matrimoniale léopoldienne a, une fois encore, fait merveille.

Au lendemain de la cérémonie, Charlotte est animée de sentiments contraires, à la fois follement heureuse de partir vivre à Vienne, une des capitales les plus prestigieuses mais aussi l'une de celles qui donnent le ton en matière de plaisirs, d'art et de politique. Les premiers contacts entre Charlotte et sa nouvelle belle-sœur, l'impératrice Elisabeth, sont très froids. Chacune à leur manière, les deux femmes se montrent aussi orgueilleuses qu'ambitieuses et il ne peut y avoir de place pour deux soleils à la cour. Par ailleurs, Charlotte estime que François-Joseph réserve un traitement injuste à l'égard de son époux. A l'époque, le vaste Empire autrichien compte parmi les plus grandes puissances européennes et ses possessions s'étendent vers le sud, en Vénétie et en Lombardie. Rien de plus normal donc si l'Italie est choisie pour organiser le voyage de noces du couple qui passe par les cités romantiques de Venise et de Vérone. Il reste bien sûr à trouver une situation pour l'archiduc Maximilien, ce qui ne va pas sans mal. C'est peu de dire que François-Joseph se méfie de son frère dont il redoute le caractère versatile, ainsi que certaines prises de position très peu conformes aux idées rigides qu'il met en application à la cour.

Non sans hésitation, l'empereur décide que Maximilien exercera la charge de gouverneur de Lombardie-Vénétie, un vaste territoire confié au gouvernement autrichien depuis le congrès de Vienne. Il ne s'agit certes pas d'un trône mais la position est prestigieuse et Charlotte est heureuse, séduite par les fastes italiens. En 1857, le couple est reçu de manière triomphale dans sa nouvelle ville et, très vite, la princesse se lance avec bonheur dans l'organisation de sa vie de femme mariée. Charlotte entend bien donner le ton d'une vie de cour qu'elle imagine forcément brillante. L'archiduchesse a toujours souffert du mode de vie austère de la cour de Bruxelles et elle compte bien changer tout cela à Milan. Tout à son souci d'organiser les bals les plus élégants, Charlotte est loin d'imaginer que la situation politique de cette partie de l'empire est aussi précaire pour le camp autrichien. La péninsule italienne est engagée sur le long chemin de son unification et l'Autriche finit par se résoudre à déclarer la guerre au roi Victor-Emmanuel qui peut compter sur l'appui de la France. Charlotte fait, malgré elle, l'expérience des aléas de la politique. Elle qui s'était rêvée en reine de Milan quitte précipitamment la ville qui lui avait pourtant réservé un accueil enthousiaste quelques mois plus tôt. Le nouveau refuge du couple n'est autre que le château de Miramare, un petit bijou néogothique posé sur l'Adriatique. Depuis 1854, Maximilien s'est beaucoup investi dans la construction de cette demeure qu'il veut façonner à son image. Dans ce projet, il a laissé libre cours à son goût pour le luxe, le confort et l'exotisme. Son bureau, ouvert sur la mer et doté d'une grande mappemonde, constitue une véritable invitation au voyage et à la découverte. Dans la salle à manger, une rose des vents, fixée au plafond, est ingénieusement reliée à une girouette sur le toit du château et indique aux convives la direction du vent. Aux yeux de Maximilien, Miramare représente un havre de paix mais aussi un port d'attache. Il le voit aussi comme une escale entre deux voyages au bout du monde. De son côté, Charlotte est loin de partager l'enthousiasme de son époux. Elle a rêvé d'un grand destin et elle se retrouve recluse dans une prison dorée et perpétuellement en travaux. Maximilien a certes veillé à ce que son épouse puisse se distraire en peignant ou en jouant de la musique mais Charlotte est trop jeune pour renoncer à ses ambitions politiques. Elle a été élevée à l'école Cobourg qui est bien différente de celle des Habsbourg. Ces derniers ont l'habitude de gouverner leur empire depuis des siècles alors que les Saxe-Cobourg n'en sont encore qu'à façonner leurs rêves d'empire. L'exil doré de Charlotte aurait probablement été plus doux à vivre si l'entente avait été meilleure au sein du couple. Dès le départ, les deux époux sont mal assortis. Charlotte, l'enfant gâtée qui nourrit de grandes ambitions, est de nature profondément conservatrice. Poussée par l'amour, elle a ardemment souhaité que Maximilien soit l'homme qui correspondrait en tout point à ses aspirations. Pour sa part, l'archiduc avait été séduit par la beauté de Charlotte et probablement aussi stimulé par son caractère volontaire. Mais les deux époux présentent des caractères opposés et ils risquent de s'éloigner de manière inexorable. Eternel insatisfait, Maximilien quitte de plus en plus souvent un foyer où, pour ne rien arranger, aucune naissance n'est annoncée. Charlotte vit très mal ces absences et se juge coupable de ne pas pouvoir donner d'enfant à son époux. En même temps, des rumeurs odieuses parviennent à ses oreilles. On chuchote les noms des maîtresses de l'archiduc et on évoque même sa fréquentation régulière des maisons de plaisir dans la capitale viennoise. Et quand il ne s'abandonne pas à d'autres bras, Maximilien s'évade en accomplissant des voyages lointains où il comble son goût pour la mer et l'exotisme. Il ne reste plus à Charlotte qu'à retrouver la Belgique et sa famille en attendant qu'un grand événement vienne bouleverser le cours monotone de son existence. Dans le cas contraire, il devient de plus en plus évident que ce mariage Habsbourg-Cobourg court vers un échec définitif. Une situation de naufrage conjugal que les Cobourg ont déjà connu par le passé et qu'ils redoutent plus que tout.

Après sept ans de mariage, le rêve de Charlotte paraît complètement compromis. Sans trône, bafouée par son époux et de plus en plus esseulée, la princesse Cobourg veut encore croire en son destin. Le salut viendra du nouveau monde : la gloire avant la tragédie. A l'époque, un projet étonnant chemine dans les couloirs des chancelleries européennes. L'idée est d'établir un régime fort et stable en Amérique centrale qui serait à la fois de taille à contrebalancer l'influence croissante des Etats-Unis mais aussi à garantir les droits de l'Eglise catholique. Dans la foulée, il s'agit aussi de pacifier un territoire perpétuellement sujet aux émeutes et aux révolutions. La nature du régime serait impériale (pour le prestige mais aussi pour la stabilité) et il ne reste plus qu'à trouver un candidat apte à coiffer cette couronne exotique. D'emblée, l'idée est de la proposer à un représentant d'une grande dynastie européenne afin d'accroître encore le prestige de l'entreprise et de s'attacher l'appui des grandes puissances du Vieux Continent. Parmi les soutiens les plus fervents du projet, se trouvent Napoléon III, l'empereur des Français, et son épouse Eugénie de Montijo. Cette dernière, particulièrement pieuse, est toujours prête à soutenir le Saint-Siège dans ses desseins. Le pape est bien sûr parmi les plus déterminés à soutenir ce projet. Charlotte se montre très vite enthousiasmée. Une couronne impériale, que pourrait-elle espérer de mieux ? La Cobourg, ambitieuse, avait fini par croire que la Providence l'avait abandonnée. Heureusement, il n'en est rien. La princesse – devenue archiduchesse d'Autriche – sera bientôt impératrice du Mexique. Quelle ascension irrésistible ! Son père sera fier d'elle. L'aspect religieux de l'entreprise ne fait que confirmer ses bonnes dispositions. En comblant son ambition, elle répond aussi à une mission d'ordre divin. Cerise sur ce gâteau impérial, l'aventure mexicaine lui offre aussi une occasion unique de retrouver une nouvelle complicité avec son époux, par-delà les océans. De son côté, Maximilien se montre beaucoup plus hésitant. Il estime que le projet manque singulièrement de garanties et probablement rechigne-t-il à quitter la liberté qu'il a réussi à se construire entre Vienne, ses voyages et son refuge de Miramare. Et s'il professe toujours autant d'idées réformistes, rien ne prouve qu'il brûle de passer de la théorie à la pratique. Pour autant, il tient enfin la possibilité d'en remontrer à son frère et de prouver sa valeur à une famille qui a toujours douté de lui.

Le 10 avril 1864, en grand habit, une délégation de notables mexicains vient offrir à Maximilien le trône du Mexique dans son château de Trieste. L'acceptation n'a rien de simple. L'obstacle principal concerne François-Joseph, qui se montre d'abord prudent, et puis exige que son frère abandonne ses privilèges autrichiens en échange de l'acceptation du trône mexicain. Aux yeux de tous, le sacrifice exigé par l'empereur est immense mais il n'est pas négociable. Attaché à ses biens autant qu'à sa position à Vienne, Maximilien tergiverse mais, finalement, il est contraint, comme toujours, d'obéir à son aîné. Après de multiples hésitations, poussé par sa famille, l'Eglise et son épouse, l'archiduc Habsbourg finit par accepter. Dès lors, son destin est scellé. Et c'est tout naturellement de Miramare que le couple embarque le 14 avril pour gagner le Nouveau Monde. Un tableau célèbre a immortalisé la scène. Charlotte apparaît, déjà impériale, dans une large barque qui porte les couleurs du Mexique. Sur le petit ponton, une délégation salue le couple appelé à son nouveau destin. A vingt-quatre ans, Charlotte coiffe la couronne d'un nouvel empire. Elle n'a jamais été aussi heureuse.

Tout au long de la traversée à bord du *SMS Novara*, Maximilien – inquiet – songe à la manière dont il sera accueilli dans son nouvel empire tandis que Charlotte passe de longues heures à codifier l'étiquette de la future cour de Mexico à l'image du protocole viennois. Hélas, l'arrivée n'est pas à la hauteur de leurs espérances. Vera Cruz a pourtant érigé une structure provisoire en forme d'arc de triomphe pour honorer ses nouveaux souverains mais une épidémie de fièvre jaune a touché la ville. Commence alors un long périple vers Mexico, d'abord dans un carrosse orné des armes impériales, et puis, après un stupide accident au cours duquel le véhicule brise son essieu, dans une voiture portant les couleurs de la république mexicaine. On aurait pu rêver mieux comme symbole pour de nouveaux souverains, descendants de Charles Quint, faisant leur joyeuse entrée… Malgré un accueil plus chaleureux dans la capitale Mexico aux cris de « *Viva El Emperador !* », Charlotte garde un souvenir épouvanté de sa première nuit au palais impérial. Elle pousse des cris de frayeur en découvrant des insectes à la taille impressionnante, tels qu'elle n'en a jamais vu à Bruxelles ou à Vienne. Finalement, la nuit s'achève dans la salle de billard, l'impératrice sur la table de jeu et l'empereur dans un fauteuil. De toute évidence, une lourde charge les attend dès le lendemain. Si le logement n'est pas à la hauteur des espérances de Sa Majesté, les subtilités du protocole laissent aussi à désirer. A Mexico, Charlotte, qui s'attend à un respect distant des membres de la bonne société mexicaine, s'étonne de recevoir des baisers fort peu protocolaires de « grosses dames mexicaines endimanchées ». De toute évidence, Mexico n'est pas Vienne et il ne sera pas simple d'y appliquer les règles qu'elle a édictées lors de la traversée.

Boudant le palais impérial de Mexico, le couple lui préfère rapidement la résidence de Chapultepec, une vaste demeure érigée sur les hauteurs de la ville. L'air y est plus respirable, et l'aménagement, nettement plus confortable. Mais il apparaît bien vite que les principales difficultés de l'empire ne concernent ni les cours de révérences ni le mobilier des palais. Le tableau de la situation mexicaine qui avait été brossé par les puissances européennes est très loin de la réalité. Non seulement le pays est instable mais il est loin d'être pacifié et l'empereur ne règne dans les faits que sur une petite partie de celui-ci. Face au régime imposé par l'Europe se dressent un leader, Benito Juarez, et ses révolutionnaires. Malgré une évidente bonne volonté, le couple impérial manque d'expérience et surtout d'appuis pour mener à bien sa mission. Une fois encore – et pour ne rien arranger – les relations au sein du couple sont mauvaises. Comme chaque fois qu'il ne se sent pas à la hauteur, Maximilien la fuit. Il quitte de plus en plus souvent sa capitale pour partir à la découverte de l'empire. Officiellement, il est question de chasse aux papillons dans le cadre de ses recherches scientifiques et de voyages officiels mais, à la cour, chacun sait que le souverain envisage d'autres gibiers, nettement plus sensuels. L'empereur est loin d'être insensible aux beautés mexicaines. Dans un souci de discrétion, il s'est même fait aménager une confortable garçonnière afin de les recevoir en toute tranquillité. Comme chaque fois dans une pareille situation, Charlotte est meurtrie par les infidélités de son époux et en même temps victime d'un terrible sentiment de culpabilité. Quel pourrait être l'avenir de leur jeune dynastie si sa souveraine était incapable de donner un héritier à la couronne ? En bonne Cobourg, elle pense à l'exemple de son père le roi Léopold qui a bâti une grande partie de sa fortune et de ses succès politiques sur de bonnes alliances matrimoniales. A quoi peut rimer une union prestigieuse si celle-ci reste stérile ? Maximilien annonce sa volonté d'adopter un jeune garçon pour garantir la succession et le choix se porte sur un des petits-fils de l'empereur Augustin Iturbide. Charlotte encaisse cette décision comme un affront terrible car elle revient à reconnaître son impossibilité d'avoir des enfants. Et dans cet échec révélé aux yeux de tous, il ne peut y avoir qu'une seule coupable : l'impératrice inféconde.

Fidèle, pieuse et respectueuse de ce qu'elle considère comme étant sa place au sein du couple, Charlotte garde pour elle les tourments qui la tenaillent. Au fur et à mesure des absences de son mari, elle est amenée à exercer la régence et à prendre des initiatives politiques. Un exercice auquel elle n'est pas le moins du monde préparée mais dans lequel elle révèle un authentique savoir-faire. Sûre d'elle-même, Charlotte dirige les débats et elle n'hésite pas à trancher chaque fois que cela est nécessaire. Une Cobourg, petite-fille des forêts de Thuringe, à la barre d'un empire exotique… qui l'aurait cru ? Pourtant, malgré ses réels talents, elle ne dispose pas des moyens suffisants et il lui est impossible de gouverner efficacement. Plus grave encore, Charlotte et Maximilien se sont coupés de leurs précieux appuis au sein de la société mexicaine. L'Eglise qui comptait sur l'empire pour garantir ses droits et ses possessions estime que le couple ne prend pas assez son parti. Les opposants républicains sont de toute façon allergiques à l'idée monarchique. Quant aux Indiens, injustement traités par la population mexicaine et qui ont été soutenus par les souverains, ils ne représentent rien sur l'échiquier mexicain.

D'un point de vue militaire, les troupes impériales accumulent les revers. Une légion belge de volontaires réunie dans la ville flamande d'Audenaerde a été envoyée au Mexique mais les Belges n'ont pas la fibre aventureuse des grands voyageurs et ils ont un peu oublié leur petite Charlotte. Cette légion ressemble plus à une troupe de repris de justice et de mercenaires mal entraînés qu'à une véritable armée. Dans cette affaire, le soutien le plus déterminant continue d'être assuré par les troupes françaises mais, à leur tête, François-Achille Bazaine se sent pousser des ailes. Face aux souverains, celui qui est élevé au rang de maréchal de France en 1864 se pose en véritable chef et joue aux dictateurs. Le couple impérial se méfie de plus en plus d'un homme qui fait figure de soutien comme la corde pour le pendu.

L'hiver 1866, l'impératrice reçoit une nouvelle qu'elle appréhendait et qui la plonge dans le plus profond désespoir. Ce père qu'elle chérissait tant vient de mourir. Bouleversée, elle envoie des courriers à toute la famille dont son oncle, le duc de Nemours.

« Cuernavaca, le 28 janvier 1866.

« Mon cher oncle,

« J'ai été bien touchée de votre aimable lettre et de l'affectueuse expression de votre sympathie. Je sais combien vous aurez partagé votre juste douleur, vous qui depuis tant d'années avez toujours regardé mon bien-aimé père comme un frère et un ami. Il m'a été bien pénible de ne pouvoir assister à ses derniers moments, et recueillir de sa bouche ces mots du suprême adieu que l'on aime à se rappeler pendant toute la vie. Je ne puis trouver d'adoucissement à mes regrets que dans la pensée d'avoir accompli un de ses désirs en venant ici et dans celle d'avoir reçu sa bénédiction en Angleterre, la dernière fois que j'eus le bonheur de le voir. C'est toutefois l'un des plus grands sacrifices que j'aie pu porter à ma nouvelle patrie que d'avoir perdu à cause d'elle la satisfaction de voir encore un père adoré. Le Mexique l'a du reste compris ainsi et, avec ce tact naturel des peuples méridionaux, il n'y a pas de preuves d'affection et d'intérêt que je n'aie reçu de toutes parts avec une touchante unanimité. Les fleurs et les drapeaux ont été remplacés par des tentures de deuil, les cris et les fusées, si ordinaires, par une expression de sympathique tristesse même chez la population indienne. L'ayuntamiento de Mexico a spontanément invité les habitants à décorer de noir leurs fenêtres, ce qui a eu lieu pendant trois jours. Je reçois encore tous les matins des lettres de condoléances d'autant de corporations que d'individus, et mon père était si révéré que même au fond des bourgades du Yucatan où l'on parle à peine l'espagnol, j'ai entendu maintes fois : "*Viva el rey Leopoldo, viva el gran Leopoldo*", là où l'on savait à peine ce que c'est que la Belgique.

« Adieu, mon cher oncle, l'empereur vous remercie également des sentiments que vous m'avez chargée de lui exprimer, et en vous priant de dire mille choses affectueuses à mes cousins et cousines qui se sont souvenus de moi en cette occasion, croyez-moi toujours.

« Votre bien dévouée nièce Charlotte. »

Mais l'impératrice ne peut pas longtemps s'abandonner à son chagrin. Au Mexique, la situation périclite rapidement et les soutiens se montrent insuffisants. Maximilien estime que la situation est désespérée et il songe à abdiquer. Le sang Cobourg de Charlotte ne fait qu'un tour. « Tant qu'il y aura un empereur, il y aura un empire ! » s'exclame-t-elle. Les difficultés de l'empire ont resserré les liens du couple. Le Habsbourg observe, non sans admiration, la Cobourg réagir et se battre contre l'adversité. Dans le malheur, Charlotte révèle une force de caractère qui n'a plus rien à voir avec ses caprices de jeune fille gâtée. L'impératrice a compris que la couronne ne survivra pas sans une nouvelle aide des alliés européens. Le 9 juillet 1866, elle embarque à bord d'un vapeur afin d'aller solliciter les promoteurs de l'empire. Le voyage s'annonce long et difficile mais Charlotte ne doute pas qu'elle pourra encore sauver la cause de l'empire.

Par une étrange similitude du destin, la fille de Léopold Ier se retrouve dans la situation désagréable de devoir aller plaider sa cause auprès d'un Bonaparte, comme son père l'avait fait jadis. Cette fois, il ne s'agit plus de l'oncle mais bien du neveu. Charlotte se rend donc d'abord chez Napoléon III et Eugénie qui la reçoivent poliment mais en prenant bien garde de ne rien lui promettre. Signe de la distance que veut prendre l'empereur, il se garde bien de lui proposer de loger au château et voilà que l'impératrice du Mexique est contrainte de se trouver un hôtel en ville, comme une simple touriste. Ils sont honteux de ce revirement mais ni Napoléon III ni Eugénie ne croient plus au mirage mexicain. Ils manquent seulement de courage pour l'expliquer clairement à l'infortunée souveraine qui vient quémander leur bienveillance. Celle que l'on commence à appeler la « pauvre » Charlotte prend ensuite la route de Miramare, en s'abstenant de passer par

Bruxelles où l'attend pourtant son frère, Léopold II. A ses yeux, la solidarité Cobourg ne peut lui être d'aucune utilité. Elle estime que la seule personne au monde capable de leur venir en aide est l'autorité suprême qui a été à l'origine de ce grand projet et surtout, de celle qui lui a apporté une caution morale prestigieuse. A ses yeux, elle peut toujours espérer un miracle du côté du Vatican. Elle se rend alors à Rome où elle compte plaider la cause mexicaine avec toute la fougue dont elle est capable auprès du Saint-Père. Alors qu'elle arrive dans la cité papale, son état inspire les plus vives inquiétudes. On raconte que l'impératrice, croyant avoir été empoisonnée, s'est jetée tout habillée dans une fontaine de la Ville éternelle. Quant aux conversations avec le pape, elles apparaissent décousues et parsemées de crises de larmes et de moments d'angoisse. Inquiet face à cette femme au comportement étrange, le pape lui permet même de dormir au Vatican… On chuchote qu'elle est la première femme à dormir dans les appartements papaux !

Charlotte commence à ne plus y croire elle-même. Elle câble à son époux, resté de l'autre côté de l'océan, ces trois mots lourds de sens « *Todo es inutil* », il n'y a donc plus rien à faire pour sauver leur beau rêve d'empire. L'impératrice se résigne à reprendre la route de Miramare. Pour la seconde fois, comme au lendemain de l'aventure milanaise, la souveraine retrouve son château de l'exil. Pourtant, elle ne loge même plus dans le corps principal de sa demeure mais bien dans une dépendance de la propriété joliment nommée Il Castelletto. Quelle ironie, voilà l'impératrice condamnée à l'exil en sa propre demeure ! Au Mexique, Maximilien a perdu la foi. Il n'ose croire que Charlotte, sa femme qui s'est montrée courageuse en toutes circonstances, aurait pu l'abandonner. Au cours de leur histoire, il l'a souvent trompée ou trahie mais, au fil des circonstances, il a fini par comprendre qu'il ne pourra jamais se passer de sa petite Cobourg. Informé des problèmes de santé de Charlotte, il songe à quitter son empire mais il se souvient aussi des mots de son épouse : tant qu'il y aura un empereur, il y aura un empire. Ragaillardi, Maximilien chasse ses idées noires et veut croire en un futur meilleur : Charlotte finira par se sentir mieux et elle reviendra au Mexique porter cette couronne dont elle est si fière.

En Europe, Charlotte sombre progressivement dans une folie profonde. Sa famille Habsbourg la confie à des médecins autrichiens dont certains affirment qu'ils lui font plus de tort que de bien. La pauvre femme se trouve bientôt au cœur d'un imbroglio dynastique, politique et financier dont elle n'a même pas idée. Sa belle-sœur, Marie-Henriette, est envoyée de toute urgence par son frère pour la ramener en Belgique. Le mercredi 19 juin 1867, Maximilien est fusillé au terme d'un simulacre de procès. L'Empire mexicain a vécu et l'Europe royale et impériale n'en revient pas de l'audace de ces révolutionnaires qui ont osé exécuter un Habsbourg. Comble de l'humiliation, il faut attendre le bon vouloir de Benito Juarez pour que le corps soit rendu à la famille. Le pauvre empereur rejoint la crypte des Capucins où reposent depuis 1633 les membres de l'auguste famille. Il ne retrouvera jamais sa Charlotte qui ne fait que commencer un long, un très long exil dans son propre pays. L'impératrice déchue réside un court temps au château de Laeken, sous l'œil attentif de son frère le roi Léopold et de sa belle-sœur Marie-Henriette, avant de gagner le château de Tervuren en périphérie de la capitale et qui avait été jadis la résidence préférée du gouverneur Charles de Lorraine, dépêché à Bruxelles pour y représenter la grande Marie-Thérèse, la propre aïeule de Maximilien. Encore une ironie de l'Histoire…

Le 3 mars 1879, le château est la proie des flammes et Charlotte échappe de peu à la mort. Lorsque la reine Marie-Henriette croit la rassurer en lui demandant de quitter cet endroit, Charlotte refuse obstinément de partir en s'exclamant : « Que c'est beau ! »

Même après avoir perdu la raison, Charlotte n'oubliera jamais le Mexique, son rêve enfoui dans les flammes de sa mémoire. Elle rejoint ensuite le château néomédiéval de Bouchout qui accueille aujourd'hui le jardin botanique national. On lui a appris depuis longtemps la mort de son mari mais cela ne l'empêche ni de converser avec lui quotidiennement, ni d'exiger des domestiques d'entonner de temps à autre l'hymne national mexicain. Au fil des jours, elle peut se montrer tour à tour calme ou agitée, faisant parfois preuve d'une rare violence. Une fois par an, elle sort de sa retraite et les habitants du village se pressent pour apercevoir l'impératrice. On raconte qu'elle se montre charmante avec les enfants auxquels elle distribue des friandises mais qu'elle lance un regard mauvais aux hommes qui l'approchent. Pour tous les membres de la famille royale, la visite de la « pauvre » Charlotte est un passage obligé. Le jeune Léopold, futur Léopold III, racontera plus tard avoir été marqué par cette vieille dame qui paraissait saine d'esprit puis se mettait à arroser les fleurs brodées du tapis. Au cours de la Première Guerre mondiale, Charlotte est le seul membre de la famille royale à demeurer en Belgique. Les Allemands ont apposé un panneau sur les grilles du château demandant de ne pas déranger l'impératrice qui n'est autre que la belle-sœur de leur allié l'empereur d'Autriche. Nul ne peut affirmer avec certitude que la Cobourg a bien compris que des membres de sa famille Hohenzollern et Habsbourg ont attaqué son pays sur lequel règne désormais son neveu le roi Albert Ier. Loin, très loin de sa chimère mexicaine.

Charlotte s'éteint le 19 janvier 1927, plus de soixante ans après avoir quitté son cher Maximilien. Elle emporte avec elle de nombreux secrets mais son souvenir reste vivace au Mexique où l'image de Carlotta continue de faire l'objet d'un authentique respect.

12

A Cobourg, Ernest II : Cobourg, alcoolique et visionnaire

Difficile d'imaginer deux frères plus opposés qu'Ernest et Albert. Si le second est sérieux et appliqué, le premier est un ami des plaisirs dont il abuse sans restriction. Ce qui ne l'empêche pas de poursuivre un ambitieux projet politique.

Le fils aîné du duc Ernest Ier a vingt-cinq ans lorsqu'il succède à son père en 1844. A l'instar de son frère Albert, il conserve un excellent souvenir de son passage à Bruxelles où l'omniprésent oncle Léopold a veillé à peaufiner leur éducation en prévision de leurs charges futures. Pour le roi des Belges, il s'agit non seulement de jouer son rôle familial mais aussi de garantir l'avenir des Cobourg au sein de l'Europe monarchique. Si le destin d'Ernest paraît tout tracé, il reste à trouver un établissement convenable pour son frère cadet. Clairvoyant sur les hommes et leurs aptitudes, Léopold nourrit quelques inquiétudes concernant son neveu. Il veille à leur présenter d'excellents spécialistes en politique extérieure et intérieure. Il agit de la même manière pour les affaires militaires.

Après ce voyage belge en 1836, les frères poursuivent leur apprentissage à l'université de Bonn. Jusqu'ici très unis, ils suivent pour la première fois des chemins différents. Alors qu'Albert entreprend des voyages sur les routes d'Europe, Ernest intègre la garde du régiment de Saxe à Dresde. L'expérience se révèle si forte qu'elle influencera toute sa vie. Dans la foulée, il fréquente de grands musiciens comme Félix Mendelssohn et il s'essaie lui-même à la composition. Comme son cousin Ferdinand (qui épouse la même année la reine Maria II de Portugal), il présente d'évidentes aptitudes pour les arts. Sur un autre registre, il s'affirme également précoce et très entreprenant en matière amoureuse, sans qu'il soit véritablement permis de parler d'« amour » concernant les conquêtes ancillaires qu'il multiplie. Différence notable avec son oncle, son père ou son cousin, le jeune Ernest ne peut arguer d'un physique agréable. Au contraire, les portraits nous révèlent un jeune homme aux traits mous, aux yeux tombants et affublé d'une nette tendance à l'embonpoint. On en conviendra, cela ne fait pas du futur duc un prince charmant. Fidèle au tempérament Cobourg volontiers versé dans la bagatelle, il compense son manque de charme par son titre et son aplomb. Très actif à Dresde, il apprécie les soirées bien arrosées et présente trop souvent une image peu flatteuse de son auguste maison.

Mais, en sa qualité de prince héritier, il y a un temps pour l'amusement et un autre pour les choses sérieuses. Parmi celles-ci, il y a notamment le passage obligé du mariage. Pour son frère Albert, l'affaire est réglée et de manière magistrale : il a épousé Victoria à Londres. Mais le « cas » Ernest reste à être envisagé avec la plus grande sagacité dynastique. Le défi est de taille d'autant plus qu'il se murmure que le prince aurait contracté la syphilis à force de multiplier les aventures féminines dans des lieux que la morale réprouve. A l'occasion de manœuvres militaires, il rencontre Alexandrine de Bade, une princesse strictement luthérienne et très attachée au respect de la morale. Les deux jeunes gens n'ont pas grand-chose en commun mais cela n'empêche pas cette union très mal assortie d'être célébrée le 3 mai 1842. Deux ans plus tard, Ernest devient le nouveau duc régnant et affirme les convictions qui étaient les siennes depuis ses expériences de jeunesse. Il renonce à l'inspiration divine de son pouvoir et veut appliquer ses idées libérales dans son gouvernement. Alors que l'Allemagne glisse de plus en plus vers un conservatisme extrême, Cobourg apparaît comme un havre de liberté d'opinion. D'un point de vue politique, Ernest démontre des aptitudes certaines. Il se heurte aux conceptions réactionnaires prussiennes et affronte la méfiance de ses pairs, les autres souverains de la Confédération. En bon Cobourg, il est convaincu qu'un souverain doit vivre dans son époque et refuser de céder à la facilité des replis trop rassurants dans le passé. La vague révolutionnaire de 1848 qui déferle à travers le continent le marque profondément. Il analyse la chute de Louis-Philippe Ier, le roi des Français qui avait été un fer de lance du libéralisme avant de se retrancher dans une attitude réactionnaire qui avait fini par lui coûter son trône. Il réagit en supprimant toute censure en son Etat. Il est convaincu que les Cobourg doivent montrer l'exemple d'un gouvernement sage et moderne. A l'avant-garde de cette bonne gouvernance se situent Léopold Ier des Belges, Albert en Angleterre et lui-même à Cobourg. En revanche, il reproche à son cousin Ferdinand de Portugal de ne pas suffisamment suivre les affaires de l'Etat et de laisser son Premier ministre Cabral exercer un pouvoir autoritaire. Voyant loin, il entretient de fréquents rapports avec les Etats-Unis, estimant qu'il faut jeter des ponts entre l'Ancien et le Nouveau Monde. La nouvelle constitution Cobourg qu'il promeut s'inspire clairement de l'exemple belge. Une fois encore, depuis Bruxelles, c'est l'oncle Léopold qui donne le ton du bon comportement des Cobourg.

Chez lui, Ernest II n'a pas que des soutiens. Au contraire, l'administration et les grandes familles s'accommodent mal des engagements du duc. Ils redoutent de voir le petit territoire métamorphosé en un laboratoire des idées nouvelles et séditieuses pour toute l'Allemagne. Il n'en reste pas moins que, sous l'impulsion de Léopold Ier, il existe bel et bien un « système Cobourg » amené à devenir la règle en Europe. D'un côté, les monarchies absolues ou autoritaires et, de l'autre, les couronnes parlementaires ou constitutionnelles. Cobourg *versus* Hohenzollern, deux modèles qui s'affrontent bien au-delà des frontières germaniques, ce qui n'empêche pas le duc de Cobourg d'être un vibrant promoteur du patriotisme allemand. En dépit de ses idées libérales (ou grâce à elles), il participe à la guerre de 1870 et assiste avec fierté à la proclamation de l'Empire allemand à Versailles. Entre-temps (et comme plusieurs Cobourg avant lui), il a renoncé à la couronne de Grèce qui lui avait été proposée en 1862. Par cette décision, il veut clairement situer son action en Allemagne et dans son duché. A Cobourg, il poursuit l'action de son père et se montre aussi un grand bâtisseur. On lui doit notamment la restauration de la forteresse de la Veste, mais aussi celle du château Callenberg ou encore le mausolée des ducs à Friedhof. Il favorise les arts dans son Etat et surtout la musique qui demeure sa grande préférence. Cela ne l'empêche pas de se piquer de poésie et, à l'occasion, de jouer à l'acteur. C'est dans ce milieu qu'il aime cultiver ses amours adultérines, sachant, quand le cas se présente, être généreux avec ses enfants illégitimes.

Libéral et libertin, Ernest II sait aussi se montrer complice et compréhensif pour les membres de la famille. Il a même la délicate attention de titrer en 1862 Georges-Frédéric et Arthur (les enfants naturels de Léopold Ier des Belges), barons de Eppinghoven. Très discrète aux premiers moments de leur union, la duchesse Alexandrine commence à se rebeller contre la conduite volage de son époux. On évoque même la possibilité d'une séparation qui, pourtant, ne viendra pas. Alexandrine n'a pas donné d'héritier au trône et elle s'en sent responsable. D'aucuns affirment que la syphilis de son époux a été à l'origine de son infertilité. Toujours imprévisible, le duc volage sait aussi apparaître bon et intentionné vis-à-vis de son épouse. Homme actif, parfois déroutant et contesté, Ernest II ne s'est pas ménagé. Il a été poursuivi par ses vieux démons et, parmi ceux-ci, celui de l'alcool qui a probablement eu raison de sa santé. Au fil des années, sa consommation uniquement liée au plaisir s'est muée en maladie. Les frasques personnelles mais aussi les opinions politiques de ce prince à la fois aimé et vilipendé en font un personnage à part dans le gotha européen mais il incarne aussi la politique monarchique des Cobourg qui ambitionne de rassembler les anciennes règles dynastiques et un libéralisme plus ancré dans leur époque. Le prince meurt sans descendance le 22 août 1893. Pour lui trouver un successeur, il faut faire appel à la branche anglaise et, plus précisément, à l'un des fils de son frère Albert. Après avoir quitté Londres, Alfred devient le nouveau duc de Saxe-Cobourg.

TROISIÈME PARTIE

VICTORIA, LA « MATRIARQUE » COBOURG

Joyau de l'internationale Cobourg, l'Angleterre a failli tomber dans l'escarcelle familiale dès la jeunesse du prince Léopold mais il faudra attendre la génération suivante pour que la dynastie plante profondément ses racines dans la terre fertile des jardins de Buckingham et de Windsor.

Doublement Cobourg et paradoxalement dernière souveraine Hanovre, Victoria déplace l'épicentre dynastique dans son royaume. L'élève de Léopold a dépassé le maître, grâce aussi à la présence de son cher aimé, Albert de Saxe-Cobourg-Gotha. Souveraine d'un vaste et riche royaume, la reine est aussi une épouse heureuse et une mère de famille exigeante. En bonne Cobourg, Victoria respecte les lois et les prérogatives en son royaume. En digne Cobourg, Victoria chaperonne, fiance et marie son abondante descendance. En deux générations, les Cobourg essaiment à travers tout le continent ! Sophie, la fille de Victoria d'Allemagne et petite-fille de la reine Victoria devient reine des Hellènes. Autre petite-fille de la grande souveraine et fille d'Edouard VII, Maud épouse le prince héritier de Norvège. Alice, la troisième fille de Victoria, convole avec Ludwig IV, le grand-duc de Hesse. L'une de leurs filles, Alix, devient la dernière tsarine de

Russie. Alfred, le quatrième fils de Victoria et Albert, épouse Maria de Russie. Parmi leurs enfants, on reconnaît Marie, la future et mythique reine de Roumanie. Il serait encore opportun de citer Léopold, le duc d'Albany qui est à l'origine de la famille princière actuelle à Cobourg ou encore Béatrice, la dernière fille du couple souverain britannique qui épouse le prince de Battenberg et donne le jour à Victoria-Eugenia, la future reine d'Espagne. Du nord au sud, de l'est à l'ouest de l'Europe, il y a des Cobourg partout.

Les monarchies libérales s'opposent aux couronnes autocratiques sur le plan politique mais elles se retrouvent autour du traditionnel *five o'clock tea* de la vieille souveraine britannique. On y converse entre Cobourg, Hohenzollern, Bragance et Romanov. Dans la quiétude d'une fin d'après-midi à Windsor, qui pourrait imaginer que ces images seront bientôt celles d'un paradis perdu ? En s'appuyant sur un système d'alliances matrimoniales, de révolution industrielle et de gouvernement libéral, les Cobourg pensaient que leurs trônes étaient préservés des révolutions sanglantes du siècle passé. Ils sont encore loin d'imaginer que ces mêmes princes qui mangeaient en famille leurs gâteaux allaient bientôt plonger le continent dans le plus terrible conflit jamais connu. Un conflit qui allait, à son issue, faire tomber de nombreuses couronnes que l'on pensait éternelles. D'une certaine manière, la guerre de 1914 signe aussi le coup d'arrêt de l'expansion Cobourg.

13

A Londres, Albert, le Cobourg modèle

Derrière les lourdes grilles dorées de Kensington, la jeune fille a bien grandi. Fruit des calculs dynastiques et matrimoniaux de Léopold, Victoria incarne désormais le futur de la couronne. Prise en tenaille par l'ambitieuse famille allemande, la monarchie britannique est désormais mûre pour tomber dans l'escarcelle cobourgeoise.

A la mort de Guillaume IV le 20 juin 1837, la jeune Victoria monte sur le trône d'Angleterre et découvre enfin le goût de la liberté. Certes, elle sait qu'elle doit se marier mais elle entend prendre son temps. Songe-t-elle sérieusement à un long célibat ? Ce serait compter sans l'oncle Léopold qui continue à lui prodiguer de sages conseils.

Et, une fois encore, c'est du côté de Cobourg que tous les regards se tournent. Et plus précisément vers le second fils du duc Ernest et de son épouse Louise, le prince Albert. Très proche de son frère, Ernest bénéficie de la même formation politique et religieuse et il vit, lui aussi, au rythme des tourments de la vie sentimentale de son père. Son apprentissage passe aussi par Bruxelles et l'université de Bonn. Le jeune homme y révèle d'excellentes aptitudes non seulement pour les études (notamment le droit, l'histoire et l'économie) mais aussi pour les exercices physiques. Au sein du clan Cobourg, il fait définitivement figure de bon élève de la classe.

Entremetteur dans l'âme, Léopold Ier qui a accédé au trône de Belgique en 1831 caresse l'idée d'un nouveau mariage familial. Et s'il s'agit d'un nouveau coup sur son échiquier, cette fois, c'est un coup de maître ! Il a évoqué l'idée d'une union, dès 1836, alors que le roi Guillaume IV est encore vivant. L'entremetteur provoque une rencontre entre Albert et Victoria en invitant le duc de Saxe-Cobourg et ses deux fils en Angleterre, chez sa sœur Victoria. De son côté, le souverain d'Angleterre voit d'un mauvais œil l'arrivée d'un nouveau Cobourg dans la famille. Cette fois, la nouvelle manœuvre matrimoniale ressemblerait vraiment à une prise de pouvoir de la famille de Léopold sur les Hanovre. Pour sa part, le souverain verrait d'un bon œil un rapprochement dynastique avec la maison d'Orange et le prince Alexandre. Etrangement, l'histoire se répète, comme à l'époque de la romance impossible entre la princesse Charlotte et le prince Guillaume d'Orange. Et, cette fois encore, c'est un Cobourg qui emportera la mise. Apparemment, Victoria est sensible au charme de son cousin. Il faut dire qu'Albert est séduisant avec sa fine moustache, sa taille mince et ses yeux bleus. Pour ne rien gâter, on le dit intelligent et prudent.

« [Albert] est très beau ; ses cheveux sont presque de la même couleur que les miens ; ses yeux sont grands et bleus, et il a un nez splendide et une bouche très douce avec de fines dents ; mais son véritable charme est son expression qui est la plus délicieuse. Alexander, face à lui, paraît très creux. »

Victoria est tellement enthousiaste qu'elle remercie son cher Léopold de lui avoir présenté ce garçon pas comme les autres et qui semble décidément lui plaire en tout point.

« 23 mai 1836.

« Mon bien cher oncle,

« ... L'oncle Ernest et mes cousins sont arrivés ici mercredi, sains et saufs. Mon oncle paraît remarquablement bien et mes cousins sont des jeunes gens tout à fait charmants. Je ne vous tracerai pas leur portrait détaillé, puisque vous allez les voir dans bien peu de jours vous-même, mais je dois vous dire qu'ils sont tous deux très aimables, affectueux, bons et extrêmement gais, comme il convient à la jeunesse ; avec tout cela, ils sont pleins de bon sens, et aiment beaucoup à s'occuper. Albert est remarquablement distingué, ce que n'est certainement pas Ernest ; mais il a une figure bonne, honnête et intelligente. Nous les emmenâmes à l'Opéra vendredi, pour voir les Puritains, et comme ils aiment beaucoup la musique, comme moi, ils étaient absolument enthousiasmés ; ils n'avaient jamais entendu aucun des chanteurs... »

Victoria accède au trône le 20 juin 1837 sans qu'aucun engagement formel ait été pris pour le mariage. La nouvelle reine est encore bien jeune (elle n'a que dix-huit ans) et Albert en profite pour poursuivre son éducation. Adepte du grand tour, il découvre l'Italie en compagnie de l'omniprésent Stockmar.

« Laeken, 23 juin 1837.

« Ma bien-aimée enfant,

« Vos nouvelles dignités ne modifieront ni n'augmenteront ma vieille affection pour vous ; puisse le ciel vous aider et puissé-je avoir le bonheur de vous être de quelque utilité et de contribuer à vos succès dans votre nouvelle carrière, ce que je désire ardemment ! Votre lettre du 19, écrite peu d'instants avant l'important événement, m'a donné la plus grande satisfaction ; elle m'a montré un état d'esprit bien à la hauteur de l'occasion. Voir les difficultés de la tâche, sans reculer ni avoir peur, mais aller au-devant d'elles avec courage, voilà la manière de réussir. J'ai souvent vu que la confiance dans le succès était la cause du succès lui-même, et vous ferez bien de conserver ce sentiment.

« J'ai été très heureux d'apprendre que la prestation de serment du Conseil s'était bien passée. La déclaration, d'après les journaux, me paraît simple et appropriée. La traduction des journaux porte : "J'ai été élevée en Angleterre." I. Je vous conseille de dire aussi souvent que possible que vous êtes née en Angleterre. George III s'en faisait gloire, et comme aucun de vos cousins n'est né en Angleterre, il est de votre intérêt de faire reporter cela fortement [*sic*]. II. Vous ne pouvez jamais trop décerner d'éloges à votre pays et à ses habitants. Il y a deux nations en Europe, qui sont presque ridicules à cause des louanges qu'elles se donnent elles-mêmes, ce sont les Anglais et les Français. Il est très important que vous soyez très nationaliste, et comme il se trouve que vous êtes née en Angleterre et ne l'avez jamais quittée un seul instant, ce serait assez étrange si on essayait de dire le contraire. III. Je recommande à votre attention l'Eglise établie ; sans vous engager à quelque chose en particulier, vous ne pourrez jamais trop en parler. IV. Avant de prendre une décision importante, je serais content si vous vouliez bien me consulter. Ceci aurait l'avantage de vous faire gagner du temps. En politique, la plupart des mesures arriveront toujours assez tôt, dans un délai de quelques jours ; revenir sur ses pas, ou sortir en reculant, est, au contraire, extrêmement difficile et nuit presque toujours aux plus hautes autorités. »

En 1839, le couple se revoit à Londres et les deux jeunes gens constatent que leurs bons sentiments, à la manière du bon vin, ont pris du corps et de la consistance. Le mariage est célébré le 5 février 1840 dans la chapelle du palais Saint-James et Albert prend à cette occasion officiellement la nationalité anglaise. Dans la foulée, il obtient aussi le titre d'altesse royale. Un quart de siècle après sa période anglaise, Léopold Ier réalise son rêve par procuration. Un Cobourg s'assied sur le trône anglais… même s'il semble encore s'agir d'un strapontin. Victoria est très amoureuse de son époux et elle veut à tout prix en faire son « roi consort », à l'image de ce qui s'était passé au Portugal. Mais le Parlement britannique refuse, estimant que la population anglaise, animée par des sentiments antigermaniques, ne comprendrait pas une telle décision. Par ailleurs, Albert ne jouit pas d'une grande popularité dans ses premières années anglaises. Lord Melbourne, le Premier ministre, est à la tête de ces manœuvres qui conduisent aussi à lui conférer une dotation plus modeste qu'initialement prévu. L'exemple de Léopold, le prince veuf et coûteux, aurait-il laissé de mauvais souvenirs aux finances britanniques ? Le compromis réside en un titre de prince consort qui sera d'ailleurs appelé à une belle postérité à travers l'Europe royale.

Mais le Cobourg n'est pas le genre d'homme à se contenter de jouer aux potiches royales. A plusieurs reprises, il se plaint qu'il n'est pas « le maître de la maison ». Son épouse est consciente de cette frustration mais elle lui donne bien vite la possibilité de s'épanouir. Dans les semaines qui suivent leur mariage, la reine est déjà enceinte. Cela ne sera que le début d'une impressionnante suite de grossesses qui prouveront au passage l'intimité du couple. Neuf enfants qui auront, en plus, la chance de parvenir à l'âge adulte. A l'époque, le fait est assez rare pour mériter d'être souligné. Dès lors, Albert commence à collectionner les charges et il ne se prive pas de prodiguer de nombreux conseils à son épouse dans le privé pour le gouvernement de l'Etat. Sans s'en apercevoir, Victoria est passée d'un oncle mentor Cobourg à un mari mentor Cobourg. Si ce n'est pas le destin d'une vie, cela y ressemble beaucoup !

Le 10 juin 1840, Edward Oxford, un déséquilibré, tente un attentat contre le couple. Aucun des deux n'est blessé mais, tant parmi le peuple que parmi les élites, tous louent le flegme et le courage dont a fait preuve le prince Cobourg dans l'épreuve. Sa cote de popularité gagne des points dans l'opinion publique. Le *Regency Act* de 1840 prévoit même de lui attribuer la régence en cas de mort prématurée de la souveraine avant la majorité du prince héritier. Si le cas de figure ne se produit pas, cette décision en dit long sur l'importance croissante du prince au sein de la cour. Définitivement adopté par les Anglais, le Cobourg consort est associé à de nombreuses décisions. Publiquement, il s'investit dans des domaines moins sensibles comme l'art, le patrimoine et les actions de charité. Dans l'intimité du couple, il s'occupe de politique et suit de très près l'éducation de ses enfants, ce qui revient un peu au même. Cobourg dans l'âme, Albert applique les bons préceptes inculqués par Léopold, à savoir associer le prestige de la couronne et le respect des règles de la monarchie parlementaire. Charles X, le roi de France avait coutume de dire : « Plutôt scier du bois que de régner à la manière du roi d'Angleterre », et il avait été chassé par la révolution de 1830. En 1844, Albert rentre à Cobourg pour assister aux funérailles de son père et à l'accession au trône de son frère Ernest II. Etrangement, il existe un profond décalage entre l'image austère que renvoie le couple en public et la profonde complicité qui les unit dans l'intimité. Albert est un modèle d'homme, un mari attentif, un père présent et un prince avisé. Il s'attaque au difficile chantier des finances royales et remporte, là aussi, quelques jolis succès. L'ancien fort en thème confirme tout le bien que ses professeurs pensaient de lui. Albert est aussi à l'origine de l'acquisition du domaine et château de Balmoral en Ecosse. Ils y passent leurs premiers moments en 1848, pour le plus grand plaisir de la reine Victoria qui tombe sous le charme de son royaume des Highlands. La même année, l'Angleterre échappe au vent révolutionnaire qui balaie l'Europe. Comme toujours, elle écrit à son oncle le roi des Belges pour lui parler politique et famille… ce qui revient toujours au même chez les Cobourg.

« Osborne, 19 novembre 1848.

« Mon très cher et excellent oncle,

« … Le succès de Louis-Napoléon est un événement extraordinaire, mais précieux, dans le sens qu'il indique une universelle réprobation pour le gouvernement de la République tel qu'il fonctionnait depuis février. Ce sera peut-être plus difficile de se débarrasser de lui qu'on ne se l'imagine au premier moment. Nemours pense qu'il est préférable qu'aucun des d'Orléans ne soit appelé à agir d'ici quelque temps. Je crains qu'il ne comprenne maintenant qu'ils auraient dû prévoir les dangers en février, et n'auraient pas dû céder. Comme je lui disais que le pape avait déclaré qu'il ne quitterait jamais Rome, et qu'il le fit le lendemain même, il répondit : “Ah ! mon Dieu, on se laisse entraîner dans ces moments.” Louise m'a déclaré que son père avait si souvent affirmé qu'il ne quitterait jamais Paris vivant, que, lorsqu'elle apprit sa fuite, elle crut qu'on l'avait trompée et qu'il était mort… »

Quatre ans plus tard, Napoléon est toujours au cœur de toutes les préoccupations.

« Buckingham Palace, 3 février 1852.

« Mon très cher oncle,

« … Avec un homme aussi extraordinaire que Louis-Napoléon, on ne peut pas se sentir un seul moment en sécurité. J'en suis très triste. J'aime la paix et la tranquillité ; je hais la politique et ses agitations et je m'afflige de penser qu'une étincelle peut nous plonger en pleine guerre. Je crois cependant que nous pourrons l'éviter. Mais soyez assuré que toute tentative contre la Belgique serait pour nous un casus belli. Je n'ai aucune crainte au sujet d'une invasion ; d'ailleurs, le moral ici est excellent, le peuple ne songe qu'aux moyens de se défendre lui-même et l'entrain d'autrefois n'a nullement diminué… »

Albert n'est pas un libéral au sens premier du terme, c'est un adepte du progrès. Il pense que le royaume a besoin de modernité s'il veut conquérir et conserver sa place dans le concert des nations. Pour ce qui est des masses laborieuses et des laissés-pour-compte, il adopte une attitude proche des paternalismes en vogue dans l'Europe de la seconde moitié du XIXe siècle. L'inauguration de l'Exposition de 1851 avec son célèbre Crystal Palace remporte un succès colossal à travers l'Europe et fait la renommée technologique de l'Angleterre dans le monde entier. Toujours fidèle à son approche protectrice et didactique, le prince favorise aussi la création de grandes institutions comme le Musée des sciences naturelles ou encore le célèbre Victoria and Albert Museum. Comme

Léopold, Albert se met à la manœuvre pour marier ses enfants. Il se félicite de l'union de son aînée avec le prince Friedrich de Prusse. Dans son esprit (et aussi dans celui de Victoria), ce mariage constitue une étape importante dans l'adoption d'un régime libéral à Berlin. L'avenir dira que le projet était moins simple qu'il ne le paraissait sur le papier.

En sa qualité de « prince au foyer », Albert consacre une grande partie de son temps à l'éducation de ses enfants et même à participer à leurs jeux. Albert ne fait que suivre les bonnes recettes Cobourg auxquelles il ajoute un comportement conjugal et familial exemplaire, ce qui est loin d'avoir été l'exemple de son père, de son oncle ou de son frère. Il est persuadé que l'application d'une morale familiale empreinte de dignité saura éviter bien des erreurs commises par le passé. Au rayon de ses déceptions figure son fils le prince de Galles Edouard dont il ressent qu'il n'est pas taillé dans le même bois que lui. Il lui reproche son manque de sérieux et d'assiduité et s'inquiète du jour lointain où viendra la succession. Il est effaré par son comportement privé et redoute le scandale qui ne manque pas d'arriver lorsqu'on apprend que le prince a eu une aventure avec une actrice. L'année 1861 se révèle particulièrement sombre. Victoria de Saxe-Cobourg, la mère de la reine Victoria et tante d'Albert, meurt. Le prince veut accroître ses charges de représentation mais il est aussi malade. Il souffre de douleurs de plus en plus aiguës aux jambes et au ventre. Albert veut croire que cela n'est pas grave mais les médecins finissent par lui diagnostiquer une fièvre typhoïde. Il s'éteint le 14 décembre 1861 dans la chambre bleue du château de Windsor en présence de la reine et de cinq de leurs neuf enfants. Victoria vacille, son monde s'écroule. Elle laisse éclater son chagrin, jamais plus elle ne connaîtra le bonheur. Il lui reste quarante années à vivre.

14

A Londres, Victoria, la Cobourguissime

Victoria a failli ne pas surmonter la mort de son cher époux. Avec le temps, la reine réussira à occuper une position inédite au sein de l'Europe royale. Reine de Hanovre, mais véritable Cobourg dans l'âme, elle fera de sa famille le pivot de l'Europe royale, jusqu'à devenir l'emblème de son pays et de la couronne.

Quand survient la mort d'Albert, Léopold Ier décide d'aller consoler sa chère nièce Victoria. Le 27 décembre 1861, il fait le voyage d'Osborne House. Ses problèmes respiratoires deviennent aigus et se conjuguent à d'autres soucis de santé. Il est conscient que le monde qu'il connaît bien et qu'il a, en partie, façonné s'éteint peu à peu. Son regard reste sévère mais ses traits s'affaissent. Dieu que le beau Léopold déteste se voir vieillir ! Et comme il lui paraît loin le beau prince admiré jadis par Napoléon. La disparition prématurée de son neveu Albert ajoute bien sûr à sa nostalgie.

Désespérée, Victoria a perdu le goût de vivre. Rancunière, elle reproche à son fils Edouard d'avoir tué son père avec sa vilaine affaire de mœurs qui lui a causé tellement de malheur. La reine choisit de s'habiller en noir, une couleur de deuil qu'elle ne quittera plus jusqu'à la fin de ses jours. En dépit des conseils de son oncle et des exhortations de ses hommes politiques, la reine choisit de vivre cachée. Elle se retire du monde, boude Londres et s'isole dans une adoration de son époux disparu qui confine souvent à la bigoterie conjugale. Celle que l'on appelle désormais la veuve de Windsor ne remplit plus le rôle de présentation qui est traditionnellement dévolu à la monarchie. De Bruxelles, le vieux roi Léopold l'implore : il faut absolument qu'elle apparaisse en public ! Une monarchie sans représentation est vouée au désastre ! De mauvaise grâce, la souveraine se rend à une exposition horticole à Kensington mais son visage demeure fermé.

Il faut attendre 1866 pour que la souveraine daigne à nouveau assister à l'ouverture du Parlement. Pendant ce temps, beaucoup d'hommes politiques s'inquiètent en voyant le camp républicain gagner en importance. Alors que la France renonce à la monarchie en établissant la IIIe République, certains commencent à chuchoter à Londres qu'il ne sert à rien de conserver une souveraine si celle-ci ne remplit pas son rôle. Pour ne rien arranger, on chuchote beaucoup à Londres sur la nature de la relation qui unit Victoria à son domestique écossais John Brown. Avec ironie, certains vont même jusqu'à surnommer la souveraine « Miss Brown ». Le début des années 1870 est pénible pour la monarchie. Outre l'instauration de la république en France, Victoria est sujette à une inflammation au bras et son fils héritier contracte la fièvre typhoïde. En dépit de leurs affrontements, Victoria craint de perdre son héritier mais le prince réussit à vaincre la maladie.

En 1872, une grand-messe d'action de grâce est donnée à la cathédrale Saint-Paul de Londres. Pour beaucoup, cette date marque le vrai retour de la souveraine sur le devant de la scène royale. Retour favorisé par son Premier ministre Disraeli qui a compris, mieux que quiconque, comment il fallait parler à la souveraine pour être entendu. Victoria est séduite par ce politique habile qui sait se montrer flatteur quand il le faut. La reine et son Premier ministre partagent la même vision de la politique coloniale du Royaume-Uni. A leurs yeux, le pays est légitime à faire valoir son droit à conquérir des terres lointaines et à y appliquer sa politique civilisatrice. Puissance civilisatrice, la monarchie britannique a beau être constitutionnelle, elle n'hésite pas à appliquer des méthodes fortes et autocratiques dans sa conquête du monde.

Cette politique volontaire et impérialiste ne laisse pas beaucoup de place aux ambitions des concurrents. C'est le cas avec le cousin belge Léopold II qui tente de se composer un empire colonial au Congo, au grand déplaisir du gouvernement victorien. Face aux exigences nationales, la solidarité Cobourg est battue en brèche. La méthode Cobourg marque ses limites quand il s'agit de composer un domaine colonial. Victoria est pleinement solidaire de la politique de son Premier ministre qui a l'intelligence de lui poser une couronne impériale sur la tête. Elle devient impératrice des Indes et incarne l'idée monarchique par excellence.

L'âge et sa descendance aidant, Victoria devient aussi le trait d'union Cobourg en Europe. Elle reprend la méthode de l'oncle Léopold et elle l'applique à ses neuf enfants. Les mariages doivent garantir les intérêts familiaux et nationaux, sans que les deux soient nécessairement toujours liés. La politique matrimoniale Cobourg doit aussi garantir la paix sur le continent. Face à l'affirmation des nationalismes, l'ancienne recette Cobourg résiste mais pour combien de temps encore ? Victoria de Prusse doit-elle fidélité à sa mère (et à sa patrie) ou à son pays d'adoption ? Et que penser de ces Cobourg anglais revenus sur la terre de leurs aïeux, à l'ombre de la forteresse de la Veste ?

Victoria ne remet pas en cause sa politique et elle n'assistera pas à sa faillite. Elle continue de jouer son rôle de souveraine parlementaire mais elle ne se prive pas d'afficher ses préférences politiques. Quand Disraeli est battu par Gladstone aux élections en 1880, elle ne cache pas son désarroi, et quand il meurt un an plus tard, elle ne réussit pas à tarir le torrent de ses larmes. En 1882, elle échappe à un nouvel attentat et, face à l'émotion populaire, elle constate la popularité qui lui est revenue. Un an plus tard, son fidèle Brown décède et, une fois encore, la souveraine est inconsolable. En 1887, le royaume célèbre son jubilé d'or et se trouve un nouveau « Brown » en la personne de Mohammed Abdul Karim, un Indien musulman qui lui enseigne des rudiments de langue hindoustani. En 1897, elle célèbre son jubilé de diamant et devient le souverain britannique à avoir régné le plus longtemps. La reine est d'ores et déjà entrée dans la légende quand elle meurt le 22 janvier 1901, en fin d'après-midi, à l'âge de quatre-vingt-un ans. Son fils Edouard VII, le bon vivant ami des plaisirs, lui succède. Par une ironie de l'Histoire, il sera le seul souverain britannique officiellement nommé Saxe-Cobourg et Gotha tout au long de son règne.

15

A Vienne, Louise, la princesse scandaleuse

Les filles de Léopold II et de Marie-Henriette, roi et reine des Belges, ont connu des destinées tourmentées et le plus souvent malheureuses. Trois Cobourg face aux écueils de la vie sentimentale, aux injonctions paternelles et aux réalités politiques de leur temps.

De l'avis général, Louise est ce que l'on appelle une gentille fille. Hélas, elle est condamnée à grandir dans une famille royale où les marques d'amour ou d'affection sont rares, pour ne pas dire inexistantes. Léopold II, son père, consacre le plus clair de son temps à son rôle de souverain des Belges et, bientôt, du Congo. Marie-Henriette, sa mère, se préoccupe davantage du bien-être de ses chiens et de ses chevaux que de ses enfants. Non sans humour – mais aussi avec une pointe de mélancolie – Louise écrira plus tard qu'elle avait été l'aînée de la nichée de la reine. Elle a d'autant plus mal vécu le manque de tendresse prodiguée dans cette famille Cobourg qu'elle a toujours été en quête d'affection et d'attentions.

Pour l'heure, la petite fille née à Bruxelles le 18 février 1858 doit se conformer à la stricte éducation exigée par le roi, au froid mordant qui règne dans les chambres du château, au silence exigé à table, sans oublier l'interdiction formelle de cueillir des fleurs ou des fruits dans le parc du domaine de Laeken. Toute sa vie, Louise se souviendra du gardénia que son père lui avait offert à l'occasion de ses treize ans. Comme une trop rare trace de douceur dans une enfance qui en avait été singulièrement dépourvue. Peu sûre d'elle, Louise craint toujours de ne pas être à la hauteur des exigences paternelles. Par ailleurs, elle déçoit sa mère en se plongeant, des heures durant, dans des romans dont Marie-Henriette juge qu'ils lui mettent de mauvaises idées en tête. Quelle écervelée, cette princesse ! Louise aime les fleurs, les histoires d'amour qui finissent bien, les bijoux précieux et les belles toilettes.

A l'étroit dans son éducation et mal à l'aise dans sa chambre d'adolescente, elle voit arriver le projet de son mariage avec soulagement. Somme toute, cette affaire la concerne de très loin puisque c'est son père (et, dans une moindre mesure, sa mère) qui est à la manœuvre. A deux reprises, le prince Philippe de Saxe-Cobourg et Gotha a fait sa demande auprès du roi des Belges pour obtenir la main de Louise. Si Marie-Henriette estime qu'il s'agit d'un excellent parti, bien ancré dans la tradition familiale, Léopold ne partage guère son avis. Il espère mieux qu'un proche cousin et souhaite œuvrer à une union diplomatique comme les Cobourg en ont toujours eu le secret. Pour des raisons de politique internationale, Léopold II refuse une autre candidature *a priori* plus séduisante – celle du prince Frédéric de Hohenzollern-Sigmaringen – et il finit par se résoudre à une union cobourgeoise en demi-teinte.

A mille lieues de tous ces calculs dynastiques, Louise est heureuse à l'idée de changer bientôt de situation. Et peu importe si elle ne sait pas grand-chose à propos de ce prince qu'elle connaît à peine. De toute façon, elle ne sait rien de la vie réelle qu'elle se borne à rêver à travers les pages de ses romans. Quand la nouvelle du mariage est annoncée, la jeune femme ne cache ni sa joie ni son bonheur. Elle songe aux noces et au trousseau et espère que la cérémonie sera en tout point digne de l'idée qu'elle se fait d'un mariage romantique. Non sans fierté et même avec un peu de provocation, elle étale son bonheur devant sa sœur Stéphanie dont les yeux brillent en admirant les belles toilettes qui seront désormais réservées à son aînée. Le passage de l'âge de jeune fille à jeune épouse représente une étape cruciale dans la vie. Louise est euphorique et inquiète à la fois, il faut que tout soit parfait, comme dans un roman.

Mais entre la fiction romanesque et la réalité conjugale, il y a tout un monde. Louise a dix-sept ans et son futur époux trente et un. Inutile de préciser que Louise ne sait rien des relations intimes que peuvent entretenir un homme et une femme. Or, Philippe de Saxe-Cobourg possède déjà une solide expérience en la matière. Ce mariage ressemble décidément à la chronique d'un désastre annoncé. Les époux sont mariés civilement à Bruxelles par le bourgmestre Jules Anspach en 1875. Louise n'est peut-être pas la plus jolie des princesses européennes mais il ne manque pas de thuriféraires de la monarchie pour louer son élégance, sa discrétion et son maintien. De son côté, Louise ne s'est jamais trouvée aussi belle. Elle est fière de sa haute taille et surtout de ses longs cheveux blonds. Elle passe d'ailleurs de longues heures à les coiffer, convaincue qu'ils constituent son premier argument de séduction.

Comme souvent, la nuit de noces se révèle être une catastrophe pour la jeune femme. Louise est naïve et, de toute évidence, l'acte sexuel la révulse au plus profond d'elle-même. Apeurée, angoissée et se sentant terriblement salie, elle ne songe qu'à trouver un refuge. Elle s'enfuit de la chambre nuptiale et court se cacher dans le parc du château. Elle se blottit auprès d'un massif de fleurs qu'elle se met à respirer de toutes ses forces pour se purifier. Son cœur bat à lui faire exploser la poitrine et son visage est baigné de larmes. Il faudra qu'un garde la retrouve et la conduise vers sa mère pour réussir à la calmer. Marie-Henriette, qui n'est pas habituée à témoigner de la tendresse envers ses enfants, fait de son mieux pour lui expliquer les devoirs inhérents au mariage et la nature des hommes. Mais comment une reine privée d'amour pourrait-elle dresser un tableau flatteur de ce qu'elle a vécu elle-même comme une longue et pénible épreuve ? Dans ses Mémoires, Louise raconte à sa manière ces minutes qui la marquèrent pour la vie :

« Ma mère se tint près de moi longuement. Elle fut aussi maternelle qu'elle pouvait l'être. Il n'est point de douleur qui, dans ses bras et à sa voix, ne se serait calmée. Je l'écoutais me gronder, me cajoler, me parler de devoirs que je devais comprendre.

« Je n'osais objecter qu'ils étaient bien différents de ceux que j'avais conçus.

« Je finis par promettre d'essayer de me dominer, d'être plus sage et, comme elle le disait, moins enfant.

« J'avais dix-sept ans, à peine commencés ; mon mari achevait sa trente et unième année. J'allais être son bien et sa chose. On vit, hélas, ce qu'il fit de moi ! »

Chez les Cobourg, on possède une longue tradition des unions de raison, dépourvues de passion. Mais Louise n'a pas l'ambition de son père le roi Léopold II, ni de sa tante l'impératrice Charlotte, et encore moins l'envergure de son grand-père, le roi Léopold Ier. Elle se serait contentée d'un homme gentil et prévenant, tout le contraire de Philippe de Saxe-Cobourg, un barbu à petites lunettes qui présente des mœurs sexuelles que l'on qualifie pudiquement à l'époque d'« exotiques ». Louise se plaint de son goût pour la boisson et de ses manières brutales. Le prince la dégoûte profondément.

L'époux qui lui a été imposé diffère de l'image idéale qu'elle s'était composée au fil de ses lectures romantiques. Comme pour toute jeune princesse à l'époque, le mariage représente aussi l'abandon de son pays, de sa famille et de ses habitudes. Comme souvent en pareil cas, Louise n'a pas obtenu la permission d'emmener un seul visage connu avec elle à Vienne. Il faut qu'elle se fasse entièrement et au plus vite à son nouveau pays, à ses usages et à sa nouvelle langue. Sans grande originalité, le voyage de noces prend d'abord la route du duché familial de Cobourg. Louise est plutôt heureuse de passer quelques jours dans ce petit territoire toujours présenté de manière très positive en famille. Par ailleurs, le couple est très cordialement accueilli par le duc Ernest, ce qui réussit presque à lui faire oublier les affres des premiers jours du mariage. Hélas, le voyage matrimonial n'a rien de bien romantique, en dépit des paysages bucoliques du duché. Au contraire, il consiste en une série de visites familiales aussi empesées qu'ennuyeuses. Décidément, Louise s'était fait une autre idée de la vie d'épouse. Il ne lui reste plus qu'à espérer que l'arrivée au palais Cobourg de Vienne soit plus joyeuse. Situé au cœur de la ville, le palais impressionne par ses dimensions et l'orgueil de Louise est sensible au prestige qui s'en dégage. Mais il y a un fossé entre l'extérieur élégant et l'intérieur vétuste de cette vaste demeure… Dès le début, Louise déteste ce palais et surtout la chambre qui lui a été affectée. A ses yeux, tout y est sombre, vieillot et sinistre. Entre les souvenirs exotiques des voyages de son époux et le mobilier néogothique, aussi pesant que démodé, elle qui rêvait d'une demeure légère et élégante se sent écrasée par un palais qui ressemble plus à un mouroir qu'à un nid heureux pour jeunes mariés. A la tête de cette grande maison règne sans partage sa belle-mère, l'autoritaire et intelligente princesse Clémentine d'Orléans, sœur de Louise-Marie, l'épouse du premier roi des Belges. La matriarche Saxe-Cobourg se méfie d'emblée d'une belle-fille qu'elle considère rapidement comme une jeune femme sans cervelle et exaltée.

Au fil des années, Louise change d'attitude et acquiert plus d'assurance. Le couple est toujours aussi mal assorti mais Louise se sent enfin capable d'imposer ses choix. Elle a donné deux enfants à son époux (Léopold et Dora) et son statut de mère a considérablement assis sa position au sein de la famille Cobourg. Le couple se dispute régulièrement, allant jusqu'à pousser les hauts cris dans ses appartements. Inutile de préciser que les rumeurs de mésentente, colportées par les domestiques, se répandent à travers tous les salons de la capitale autrichienne. Alors que Philippe s'attache à cette épouse qui renforce son statut de prince dans le monde, Louise ne veut pas entendre parler du moindre rapprochement entre eux. Elle trompe son ennui en acquérant de nouvelles toilettes pour apparaître à son avantage à la cour. La princesse préfère de loin participer aux bals plutôt que de se consacrer à un rôle de mère qu'elle ne place pas parmi les priorités de son existence. A Vienne, Louise veut rattraper le temps perdu en vivant une nouvelle jeunesse. A cette seule différence que, cette fois, les jeunes années ne lui seront pas confisquées au nom de la raison familiale. Louise a appris à se mettre en valeur et elle ne passe plus inaperçue comme lors de son arrivée à Vienne. Quand elle paraît aux bals à la cour, elle constate qu'elle ne laisse pas les hommes insensibles et elle s'amuse à jouer de son petit succès. Sans la moindre prudence, elle commence par charmer les archiducs Rodolphe et Louis-Victor. Ces petits jeux amoureux ont beau être innocents, ils n'en sont pas moins dangereux. En peu de temps, la réputation de la princesse Cobourg est entachée et la rumeur publique lui prête un comportement immoral. Choqué, l'empereur François-Joseph lui interdit de paraître au prochain bal de la cour. Quand elle apprend la sanction protocolaire qui la touche, Louise est scandalisée par tant d'injustice. Au comble du désespoir, elle ignore encore qu'elle n'en est qu'au début de ses problèmes.

Au plus profond d'elle-même, Louise ne désespère pas de rencontrer l'amour, ce sentiment merveilleux et mystérieux qui la fait vibrer depuis les pages des romans qu'elle lisait dans sa chambre d'adolescente du château à Laeken. Dans son esprit exalté, il prend les traits du baron Nicolas Döry de Jobahàza, l'aide de camp de son mari. Exaltée, elle se lance dans une relation extra-conjugale rapidement découverte. A Bruxelles, sa mère, la reine Marie-Henriette, est horrifiée par les dernières nouvelles qui lui arrivent de Vienne. Elle sermonne sa fille en réprouvant toutes ces maudites lectures qui ont enflammé son esprit. Seule contre tous et la mort dans l'âme, la scandaleuse Cobourg est contrainte de mettre un terme à cette romance qui lui a pourtant ouvert les portes d'un monde qu'elle ignorait encore. Il s'agit du véritable amour, cette fois elle est en sûre.

Toujours attaché aux apparences, Philippe sait se montrer clément en acceptant le retour de la fautive mais Louise n'est pas prête à rentrer dans le rang. Elle continue de dépenser sans compter, comme si elle cherchait par tous les moyens à combattre son ennui. Sa fièvre dépensière est telle qu'elle inquiète son époux et sa famille. Chez les Saxe-Cobourg, on n'a jamais eu pour habitude de jeter l'argent par les fenêtres et l'attitude dispendieuse de Louise fait presque autant scandale que son aventure amoureuse. La princesse se soucie peu des mises en garde qui lui sont adressées, estimant à juste titre que son père est l'un des hommes les plus riches de son temps. Mais rien ne permet de penser que le strict Léopold II sera disposé à transmettre sa richesse à sa fille dont il désapprouve le comportement.

En 1895, Louise est heureuse. Elle connaît à nouveau ce sentiment délicieux de voir son cœur s'emballer à l'approche d'un homme. Certes, il ne s'agit pas d'un parti prestigieux mais d'un mystérieux personnage qui possède, selon elle, un physique des plus avenants, beaucoup de gentillesse et, surtout, d'excellentes manières. A une époque où la femme n'a guère voix au chapitre en matière conjugale, Louise décide de quitter son foyer pour vivre une nouvelle vie. Ses enfants ont grandi et elle supporte moins que jamais le mariage qui lui fut jadis imposé. Au début de l'année 1897, elle se résout donc à s'enfuir avec l'homme qu'elle aime passionnément, un gentilhomme croate, le comte Geza Mattachich. Bien plus tard, celui-ci décrira avec émotion la rencontre avec sa princesse :

« C'est ainsi que par une matinée de mai, je me trouvai pour ainsi dire cloué au milieu de l'allée cavalière du Prater ; une lutte violente s'engagea entre l'animal et moi, et comme cela arrive toujours, je fus vite entouré d'un cercle de badauds.

« L'étalon sauta brusquement de l'allée cavalière dans celle réservée aux voitures et je dus, à un moment, faire de violents efforts pour ne pas aller me casser la tête contre un équipage qui arrivait droit devant moi.

« C'était la princesse Louise de Cobourg avec sa dame d'honneur, la comtesse de Sermage. Je reçus comme un choc électrique : quelque chose de nouveau venait de se passer en moi et dont je ne pouvais me rendre compte. »

Louise est folle amoureuse, enfin ! La Cobourg rebelle est décidée à tirer un trait sur sa vie conjugale et à demander le divorce pour conquérir enfin sa liberté. Un nouveau scandale que veulent à tout prix éviter les différentes branches de sa famille. De son côté, Philippe est furieux et ne veut pas passer pour le « cocu » Cobourg aux yeux de tout le gotha. Il ne veut pas non plus tirer un trait sur l'héritage auquel il estime avoir droit. Dans sa lutte pour reconquérir Louise, il trouve un appui zélé en la personne d'Ernest Günther de Schleswig-Holstein, son beau-fils, l'époux de Dora. De son côté, l'empereur François-Joseph soupire, il n'est pas étonné du comportement de cette femme dont il s'est toujours méfié. A Vienne, comme à Bruxelles, Louise est devenue un épineux problème. La réputation de Louise est définitivement ruinée et l'on préfère voir en son comportement la preuve d'une maladie mentale. Une princesse, fille de roi, qui s'enfuit et dilapide sa fortune ne peut être que folle ! Pour la princesse, la descente aux enfers commence. Examinée par des médecins, elle est diagnostiquée démente et internée dans un asile d'aliénés. Reléguée à l'écart du monde, la princesse est placée d'autorité sous contrôle médical et mise à l'abri de toute nouvelle tentation, sentimentale ou pécuniaire.

A Bruxelles, Léopold II ne décolère pas. Jamais on n'a connu pareille honte. Jamais encore le nom de Cobourg n'a été sali de la sorte. Le roi préfère « oublier » sa fille, comme s'il ne l'avait jamais eue, alors que Marie-Henriette, plus compréhensive, lui envoie des nouvelles. L'opinion publique internationale s'émeut du sort réservé à la princesse. Louise est certes fautive, mais faut-il pour autant la traiter comme une criminelle ? On conspue un père sans cœur et le rôle trouble joué par François-Joseph II dans cette sombre histoire.

Alors que la réputation de Louise s'améliore dans l'opinion publique, le comte Mattachich finit par être gracié. Il réussit à faire évader la femme qu'il aime. Louise est libre à nouveau mais elle n'a pas changé pour autant. Au contraire, elle reprend le cycle infernal des dépenses et son insouciance apparaît à la mesure de sa générosité. Sans compter, elle fait de beaux cadeaux, aux autres comme à elle-même. Elle ne fréquente que les palaces luxueux et reste tout aussi coquette qu'avant son internement.

Alors qu'elle est toujours aussi « exclusivement » amoureuse de Mattachich, celui-ci connaît d'autres aventures. Etrangement, elle ne lui en tient pas rigueur et lui conserve une place privilégiée dans son cœur. Elle éprouve un besoin vital de cet homme qui l'a libérée, au sens propre comme au sens figuré, et elle est prête à faire preuve de générosité pour ne pas le perdre. Elle va même jusqu'à faire profiter de ses largesses la propre maîtresse de son amant. Difficile de se montrer plus ouverte d'esprit ! Au fil des dépenses, les créanciers n'en finissent plus de la traquer. A la mort de son père en 1909, Louise s'imagine naïvement que tous ses problèmes vont être résolus. Mais le poids des soucis familiaux a depuis longtemps rendu toute communication impossible.

Louise n'a pu assister aux funérailles de sa mère et c'est très discrètement qu'elle assiste à celles de son père. Elle est pourtant émue de perdre ce père qu'elle a voulu satisfaire mais dont elle est devenue l'un des principaux motifs de honte. S'estimant spoliée, Louise attaque l'Etat belge afin de voir reconnaître ses droits, sans succès. Inflexible, Léopold II n'a pas légué son héritage à une fille dépensière et incontrôlable. L'histoire de famille des Saxe-Cobourg de Belgique est sur le point de se muer en scandale national quand Louise la réprouvée trouve, avec ses sœurs, un accord avec le gouvernement. Elle quitte son pays natal et, lorsque la guerre éclate en 1914, elle se trouve à Vienne où elle est considérée comme étrangère. Indésirable en Belgique et rejetée en Autriche, la princesse Cobourg ne sait plus où trouver refuge. Elle s'établit d'abord à Munich et puis rejoint son cher Geza Mattachich à Budapest. Au lendemain de la guerre, cette princesse en fuite perpétuelle est confrontée à une révolution bolchevique qui achève de la plonger dans le plus total dénuement.

En 1921, Louise publie un livre confession qu'elle intitule *Autour des trônes que j'ai vus tomber*. En couchant ses confidences sur le papier, elle espère se refaire une santé financière en profitant des scandales qu'elle a provoqués. Par un nouveau manque de chance ou de clairvoyance, le témoignage mélancolique d'une princesse que beaucoup ont oubliée ne remporte pas un grand succès de librairie. C'est un nouvel échec… En guise d'ultime réconfort, Louise peut compter sur la présence de l'éternel Geza qui ne l'abandonnera jamais, jusqu'à sa mort en 1923. La princesse ne lui survit que quelques mois avant de s'éteindre, à son tour, à Wiesbaden. Ne se trouvent que quelques entrefilets dans les journaux pour annoncer la mort de la princesse Cobourg que tout le monde a perdue de vue depuis bien longtemps. Dans son ouvrage, Louise a livré un cri du cœur qui revient sur une vie d'erreur mais aussi d'honnêteté. C'est la version très personnelle d'une princesse Cobourg dont le nom a fait le malheur plutôt que la gloire :

« Le bruit qui s'est fait autour de moi, je ne l'ai pas voulu, je ne l'ai pas cherché. Il est né de circonstances plus fortes que ma volonté. Nous pouvons peu de chose sur les événements. Notre vie semble dépendre plus des autres que de nous-mêmes, et d'une fatalité de condition plus que de notre choix, dans l'ordre de nos jours et de nos actes. Il suffit d'un instant d'erreur pour que toute une existence soit perdue [...]. Ma vie est une série de fatalités dont je n'ai pas su ou pu éviter l'accablement. J'ai dit et je répète que je ne me tiens pas pour innocente de torts, de fautes, d'erreurs. Mais il convient de tenir compte de leur cause dans un mariage désastreux. Mes parents crurent bien faire, et principalement la reine, en me donnant au prince de Cobourg, quand je n'étais encore qu'une enfant. Le roi voyait dans ce mariage l'avantage d'étendre des possibilités d'influences et de rapprochements utiles à son trône et à la Belgique. La reine se réjouissait de m'envoyer en Autriche et en Hongrie, d'où elle venait, et où je la rappellerais, en même temps que je servirais le rayonnement de ma Patrie, selon les ambitions du roi. J'ai été sacrifiée au bien de la Belgique, et celle-ci, aujourd'hui, compte des Belges qui me reprochent le don de ma jeunesse et de mon bonheur, essentiellement consenti pour eux [...]. Nous avons échappé tous deux aux criminels acharnés à nous martyriser. Suis-je coupable d'avoir lutté, d'être restée fidèle à la fidélité, et de ne pas tomber ? Peu m'importent les jugements de l'erreur et de la haine. Je suis demeurée telle que j'avais promis d'être à ma sainte mère : attachée à un idéal ; et, quoi qu'il semble, j'ai vécu sur les sommets. Suis-je coupable selon la vraie morale et la vraie liberté ? Que les femmes me jettent la pierre, qui n'ont pas plus à se reprocher ! [...] Suis-je coupable de l'erreur du roi et de la reine, celle-ci convaincue, par mes persécuteurs, de la gravité de ma « maladie », celui-là irrité, non de mon indépendance, mais du scandale organisé autour d'elle ? Suis-je coupable d'égoïsme de mes sœurs, l'une cédant à des vues étroites, l'autre à des calculs politiques ? J'en conviens, je me suis révoltée contre la félonie et la contrainte. Mais pour quels motifs ? Pour quels buts ? A quelles fins ? Mon vrai crime est d'avoir échoué dans mon effort de possession de moi-même, dans l'attente d'une fortune que je n'ai pas eue. »

16

A Vienne, Stéphanie, au cœur du drame de Mayerling

Rarement une princesse est passée aussi près d'un grand destin. A deux doigts de ceindre la plus prestigieuse des couronnes, Stéphanie de Saxe-Cobourg fut condamnée à porter l'infamie d'un échec conjugal qui ne lui était pourtant pas imputable. Une vie faite d'une succession de rendez-vous manqués.

Au château de Laeken, Stéphanie, troisième enfant de Léopold II et de Marie-Henriette, née le 21 mai 1864, connaît la même enfance que son aînée la princesse Louise. Une éducation stricte et en grande partie dépourvue d'amour. Mais pourtant, pas de quoi pousser la jeune princesse à se rebeller contre son éducation. Cela ne correspondrait pas à son caractère conformiste et il faudra attendre longtemps pour que la princesse dévoile les blessures enfouies et héritées de ses jeunes années. La mort de son frère Léopold en 1869 restera le grand drame de son enfance, une tragédie à laquelle succédera l'heureuse nouvelle de la naissance de Clémentine en 1872. D'emblée, Stéphanie se sent très proche de cette petite sœur qu'elle prend sous son aile.

Après le mariage décevant de son aînée Louise, Léopold II place beaucoup d'espoir dans le futur matrimonial de Stéphanie. Une candidature espagnole est brièvement évoquée mais le roi des Belges vise beaucoup plus haut. L'excellent prince – selon la formule consacrée – convoité par le souverain Cobourg pour sa fille est un Habsbourg, mais pas n'importe lequel. Rien de moins que Rodolphe né en 1858, archiduc d'Autriche et héritier du trône. En dépit des échecs humains et dynastiques des deux premiers mariages entre les deux familles (la princesse Charlotte de Belgique et l'archiduc Maximilien d'Autriche ainsi que le roi Léopold II et la reine Marie-Henriette), l'option Habsbourg reste la préférée aux yeux de ce Cobourg. Dans le camp autrichien, nul n'a oublié que les Habsbourg ont longtemps régné sur la future Belgique alors qu'elle était encore connue sous le nom de Pays-Bas méridionaux. Rodolphe est un prince très populaire, coiffé court et la barbe taillée à la dernière mode. Très soucieux de son apparence, il n'hésite pas à lancer les modes et il a notamment été à l'origine de la vogue de la frange sur le front et de la barbe coupée « à la pêcheur ». Le fils de Sissi et de François-Joseph compte de nombreuses soupirantes, mais il sait que son mariage sera avant tout une affaire politique. Quant à son entourage, il se méfie des réactions parfois inattendues d'un prince – certes doué – mais sujet à des lubies étranges ou à de terribles accès de colère. Son humeur se révèle changeante et son opposition à son père est de notoriété publique. De son côté, Stéphanie se montre beaucoup plus sage. Celle que certains journalistes un peu trop courtisans ont baptisé « la rose du Brabant » n'a rien d'une femme fatale. Ses traits rappellent ceux de l'enfance, comme si la princesse n'était pas encore tout à fait femme. Marie-Henriette s'investit beaucoup dans la préparation d'un mariage qu'elle considère aussi un peu comme sa revanche personnelle. En conflit fréquent avec son époux, elle se voit désormais la mère de la future impératrice d'Autriche et compte bien profiter de cet insigne honneur. A l'approche de la cérémonie, Stéphanie est de plus en plus inquiète face à la nouvelle vie qui l'attend. Heureusement, elle est rassurée par le comportement bienveillant de Rodolphe. L'archiduc possède une parfaite éducation, il sait se montrer aimable et même tendre avec elle. Cet homme, qui paraît tellement différent dans ses goûts et son caractère, semble s'intéresser sincèrement à sa future épouse. Hélas, l'impératrice Elisabeth se montre moins enthousiaste. Comme elle s'est jadis opposée à sa belle-sœur Cobourg, elle juge de manière impitoyable sa nouvelle belle-fille. Sissi considère Stéphanie comme peu élégante, trop grosse et, en tout cas, pas du tout digne de son fils. Sur le Prater, les Viennois ne sont pas plus cléments en allant jusqu'à comparer leur nouvelle archiduchesse à une provinciale sans charme. Heureusement, Stéphanie ne se doute pas des commentaires désobligeants qui courent sur son compte. Les fiançailles sont rendues publiques le 7 mars 1880. Pour que la fête soit réussie, Léopold II étrenne le jardin d'hiver de son nouveau complexe de serres dans son château de Laeken. L'écrin somptueux est à la mesure de l'importance de l'événement. Compte tenu du jeune âge de la princesse, il faut encore patienter un peu avant de prendre la route de l'Autriche. Quand arrive le grand moment du départ, Stéphanie est impatiente.

La découverte de Vienne est à la hauteur des espérances de la jeune Cobourg. Comme elle a longtemps rêvé de connaître le faste Habsbourg, la princesse est comblée au-delà de ses rêves. Malgré un accueil peu chaleureux de François-Joseph et d'Elisabeth, elle est émerveillée par les rues pavoisées en l'honneur du couple et la succession de fêtes organisées au palais. Mais, tandis qu'elle essaie ses toilettes à la dernière mode et qu'elle admire ses bijoux, Stéphanie ne peut s'empêcher de nourrir de sombres pensées. Saura-t-elle se montrer à la hauteur des heures historiques dont elle sera bientôt l'héroïne ? Pour ne rien arranger, Rodolphe lui paraît plus distant tandis que l'impératrice se montre toujours aussi peu chaleureuse envers elle. De tous les participants à la noce, c'est Léopold II qui paraît le plus ravi. Le 10 mai 1881, Stéphanie devient archiduchesse alors qu'elle n'a pas encore dix-sept ans. Une jeune femme à peine sortie de l'enfance va devoir être digne d'un grand destin.

Une fois les noces célébrées, la vie de couple commence. Stéphanie tâche de cacher sa déception à son arrivée au château de Laxenburg choisi par Rodolphe pour le voyage de noces. Comme cela avait été le cas pour sa sœur, la découverte de l'amour physique est loin d'être un bon souvenir pour la princesse qui utilisera plus tard les mots de « dégoût » et de « souffrance » pour la décrire. Elle voit dans cet épisode douloureux l'anéantissement de tous ses rêves de jeune fille. De son côté, Rodolphe est surpris par la grande innocence de sa nouvelle épouse mais il y voit aussi une preuve de sa grande probité morale. Le couple est loin de partager une grande intimité mais il se sent réuni dans sa position inconfortable par rapport à la cour. Rodolphe est en fréquente opposition avec l'establishment tandis que Stéphanie doit apprendre à vivre avec le mépris de sa belle-mère, l'inflexible Sissi, qui ne la trouve décidément pas à la hauteur de la situation. Alors qu'ils apprennent à se connaître, ces deux exilés dans une société qui ne les accepte pas vraiment finissent par s'épauler, à défaut de se comprendre vraiment. Le couple entreprend un voyage en Hongrie où il est bien accueilli. Stéphanie y voit une éclaircie dans un horizon qui lui semble sombre.

L'impératrice Elisabeth n'a jamais vraiment apprécié son rôle à la cour. Depuis longtemps, elle se révèle allergique aux exigences et aux devoirs de sa charge et elle n'en fait souvent qu'à sa tête. Surnommée l'impératrice locomotive, Sissi est souvent invisible à Vienne. Elle délègue donc une partie de ses engagements auprès de sa belle-fille dont on verra bien de quoi elle sera capable. Mais, alors que la Cobourg fait de son mieux pour trouver sa place, Rodolphe ne fait rien pour l'encourager. Une fois sur le trône, il compte révolutionner l'art de régner. Le drame de Stéphanie est de vouloir bien faire mais d'avoir le sentiment de ne jamais satisfaire les espoirs qui ont été placés en elle. Comme si son mariage et son destin reposaient sur une longue suite de malentendus. La très pieuse Stéphanie ne sait pas grand-chose du comportement ou des opinions de son époux.

Elle connaît cependant le destin qui l'attend : elle sera un jour impératrice d'Autriche-Hongrie et, à ce titre, elle veut se montrer à la hauteur. La seule manière pour la princesse Cobourg de s'imposer dans cette cour souvent hermétique est de donner un héritier à la couronne. Alors qu'elle rêve de maternité, on chuchote de plus en plus dans les salons de Vienne. Les membres de la haute aristocratie évoquent les fréquents écarts de conduite du prince qui collectionne les conquêtes féminines et le plus souvent dans des lieux que la morale réprouve. A travers la capitale, il se trouve pourtant quelques défenseurs de Son Altesse qui estiment qu'il ne fait que réagir virilement à un mauvais mariage qui lui a été imposé. D'autres – mais ils sont moins nombreux – plaignent en silence l'infortunée Stéphanie.

En 1883, l'annonce de la grossesse de Stéphanie offre une embellie au couple. Une petite fille prénommée Elisabeth-Marie voit le jour. Le choix du prénom rend hommage à sa grand-mère, l'impératrice qui n'a pourtant jamais été tendre avec Stéphanie. Pour faciliter les choses, elle reçoit rapidement le surnom d'Erzi qui va l'accompagner toute sa vie. Cette première naissance est une excellente nouvelle, même si l'empire espérait plutôt un garçon pour monter plus tard sur le trône. Mais la princesse paraît féconde et tout le monde estime que l'arrivée d'un garçon n'est qu'une question de temps. S'ensuit une attente, doublée d'un malaise diffus qui dissimule, en vérité, un drame plus profond. Stéphanie apprend la terrible vérité : elle est atteinte par une gonorrhée, contractée auprès de son mari. L'archiduchesse se retrouve stérile à cause de la sexualité débridée de son époux. La maladie est terrible et manque même de lui être fatale. Lorsqu'elle en réchappe, l'archiduchesse Cobourg est devenue méconnaissable, tellement elle a grossi. Désespérée, Stéphanie porte désormais dans sa chair les stigmates des infidélités de son époux.

La vie de Stéphanie est devenue très difficile à la cour mais elle trouve un certain réconfort dans l'affection de sa chère petite Erzi. Le pire drame reste encore à venir. Le comportement de Rodolphe la rend de plus en plus soucieuse. Non seulement il s'absente toujours plus mais parviennent à son épouse des échos de soirées très arrosées avec ses amis ainsi que de fréquentes parties de débauche. Au fond d'elle-même, elle éprouve des sentiments mêlés envers son mari. Elle lui reproche sa vie pleine d'excès mais elle a mesuré les qualités d'un homme attachant qui demeure encore un mystère à ses yeux. Comment peut-il se montrer aussi attentif, prévenant et, en même temps, odieux et absent ? Paradoxalement, le courrier que s'échangent les époux prouve que les liens se sont renforcés avec le temps.

« Chère Stéphanie,

« Je t'adresse pour ta fête – malheureusement je dois me borner à te les envoyer – mes félicitations les plus affectueuses : Dieu te bénisse et te protège. Excuse-moi de ne t'écrire qu'une lettre brève, mais je suis très pris. Avant-hier et hier j'ai dormi très peu. La journée d'hier fut splendide mais bien fatigante. La nuit dernière j'ai passé le plus clair de mon temps à danser, il y avait beaucoup de poussière. Nous avons passé le restant de la soirée à souper ; il est maintenant sept heures du matin et nous venons à peine de nous séparer. »

Comme tous les Habsbourg, Rodolphe est un chasseur stimulé par l'odeur du sang. Il traque ses proies – consentantes ou non – dans les forêts comme dans les salons de la capitale. Qu'il chasse du gibier ou des femmes de petite vertu, l'archiduc aime l'ivresse de la conquête et l'odeur du sang le fascine. La mort le hante au point d'en jouer avec une fausse désinvolture qui heurte même ses amis les plus proches. Impuissante, Stéphanie s'inquiète de plus en plus à propos de son mari. Elle tente d'alerter son beau-père mais, comme toujours, le roc impérial François-Joseph ne veut rien entendre. Personne mieux que Stéphanie ne connaît Rodolphe alors qu'elle ignore la plupart des détails de sa vie. Mais elle est parfaitement consciente du drame personnel d'un homme pris en tenaille entre un père autoritaire et rigide et une mère souvent fantasque, animée de pulsions autodestructrices.

Après huit ans de mariage, Stéphanie a gagné en assurance, elle n'est plus la petite provinciale Cobourg raillée par la cour. Les épreuves de la vie l'ont marquée et ont façonné son caractère jusqu'à en faire une femme, certes écorchée, mais plus volontaire que par le passé. De son côté, Rodolphe est prématurément vieilli, perclus de tics nerveux et de séquelles de sa maladie vénérienne.

Il était écrit que le charme juvénile de Mary Vetsera accompagnerait le dernier acte d'un drame programmé. La journée enneigée du 30 janvier 1889 et le décor romantique du pavillon de chasse de Mayerling constituent le décor de la scène tragique. En écrivant ces dernières lignes à Stéphanie, Rodolphe évoque son choix de la libérer de « sa funeste » présence.

« Chère Stéphanie,

« Tu es délivrée de ma funeste présence ; sois heureuse dans ta destinée. Sois bonne pour la pauvre petite, qui est la seule chose qui subsiste de moi. Transmets mon dernier salut à toutes les connaissances. J'entre avec calme dans la mort qui seule peut sauver ma bonne réputation.

« T'embrassant de tout cœur,

« Ton Rodolphe qui t'aime… »

Le scandale qui suit la mort de l'héritier au trône se révèle bien sûr à la hauteur de la nouvelle : immense. D'autant plus considérable que cette mort s'accompagne d'un profond mystère. Comment le prince a-t-il perdu la vie ? S'agissait-il d'un accident ? D'un meurtre pour déstabiliser la couronne ? Ou de ce mot tabou que personne n'ose ouvertement prononcer : un suicide ? La cour hésite entre plusieurs attitudes, quelle explication sera la plus acceptable par l'opinion, mais aussi par les alliés de l'Autriche ? Et comment sauver ce qui peut encore l'être de la réputation de l'héritier défunt ?

Dans la tempête, Stéphanie n'apparaît pas comme une victime collatérale du drame mais comme une coupable. La tragédie le prouve : elle n'a pas été à la hauteur de la tâche qui lui a été confiée. L'opinion la juge et la condamne. Incapable d'empêcher son époux de se détruire, incapable de donner un héritier au trône et incapable de devenir un jour impératrice d'Autriche. Il se dégage de toute cette histoire une impression de gâchis dont elle apparaît comme la cause principale. Si la société viennoise, une fois de plus, la juge de manière impitoyable, il en va de même de son père le roi Léopold II. A Bruxelles, le souverain, qui a fondé les plus ardents espoirs dans ce mariage, est plus que déçu, il est furieux.

Décidément, le deuxième Cobourg de la dynastie belge ne possède pas l'art et la manière de la politique nuptiale comme les maîtrisait son père. Devenue veuve, Stéphanie n'en est encore qu'au printemps de sa vie, elle n'a que vingt-quatre ans ! Elle quitte Vienne où elle ne représente plus rien d'autre que le regret vivant d'un épisode tragique que tout le monde cherche à oublier. A son âge, Stéphanie est déjà une princesse douairière. Quelle étrange et lourde destinée. En apparence résignée, Stéphanie choisit de se consacrer entièrement à l'éducation de sa fille qui ne sera jamais impératrice.

La princesse décide alors de vivre sa vie en étant plus libre qu'elle ne l'a jamais été. Et pour cela, elle se contente de suivre les élans de son cœur. Elle a commencé par s'enflammer pour un comte polonais, Arthur Potocki qu'elle a rencontré avant la mort de son époux. La relation demeure très discrète et s'éteint avec la mort de son amant mystérieux qu'elle a baptisé Hamlet. L'homme de ses rêves fait bientôt irruption dans sa vie : Elemér Lónyay. L'heureux élu n'est qu'un modeste hobereau hongrois mais il possède un charme et une douceur indéniables aux yeux de la princesse. C'est bien simple, Stéphanie est folle de lui. Amoureuse de ses longues moustaches conquérantes, elle est surtout rassurée par sa franchise. Voilà un homme qui ne ressemble en rien à son défunt époux torturé. Les deux amoureux ont des goûts communs et des conceptions de la vie qui se rejoignent. La princesse apprécie ses séjours au château de Miramare qui a accueilli jadis les errances d'une autre Cobourg, sa « pauvre » tante Charlotte. Avec la naissance du nouveau siècle, en 1900, elle y épouse son comte dans la sombre chapelle aux lourdes boiseries néogothiques et décorée de rideaux ornés des armoiries mexicaines.

En apprenant ce mariage, Léopold II est, une fois encore, très en colère. En mesure de rétorsion, il lui retire le prédicat d'altesse royale et interdit à sa cadette, la princesse Clémentine, qui a toujours été très proche de Stéphanie, de lui parler ou même de correspondre avec elle. Devenue une paria de la famille Cobourg, elle se rapproche de son autre sœur Louise, qu'elle avait pourtant mal jugée lors de ses propres problèmes de couple. A la mort du monarque, Stéphanie et Louise s'allient pour faire valoir leurs droits à l'héritage et se retournent contre le pays qui les a vus naître. Seule consolation au milieu de ces tourments, la vie tranquille qu'elle réussit à mener pendant quelques années avec son époux au château d'Oroszvar en Hongrie. Ces années sont pourtant régulièrement assombries par les violents conflits qui l'opposent à sa fille, Erzi. Stéphanie, qui a pourtant connu l'opprobre et la calomnie, est restée une femme fondamentalement traditionnelle. Elle condamne dès lors sa conduite privée et encore plus son engagement dans le camp socialiste. Celle que l'on appelle l'« archiduchesse rouge » devient la cible du gotha et, une fois encore, Stéphanie est montrée du doigt pour la mauvaise éducation qu'elle lui a donnée.

Les aléas de la politique ne laissent aucun répit à cette princesse née d'une autre époque. Elle n'a réussi à trouver sa place ni dans l'ancien monde des monarchies ni dans le nouveau des tsars rouges. Lorsque les troupes soviétiques entrent en Hongrie, elle quitte, la mort dans l'âme, sa chère demeure et trouve refuge dans l'abbaye bénédictine voisine de Pannonhalma. C'est là qu'elle s'éteint, épuisée, le 23 août 1945. Son bel et cher Elemér ne lui survivra que quelques mois.

« J'ai vécu vingt ans à la cour la plus corrompue de l'Europe. Je m'y suis gardée des tentations et des chutes. J'ai donné le jour à un fils et une fille et ma tendresse maternelle les allaita et mit en eux son espérance. On sait ce qu'il advint de mon fils, et comme il m'échappa. On sait ce que ma fille fut trop longtemps pour moi, sous l'influence de son mari, et du milieu où elle vivait. En quoi fus-je réellement coupable ? C'est vrai. A bout de courage, et suffoquant dans l'ambiance d'un foyer conjugal odieux, j'allais choir… J'ai été sauvée. Je me suis alors vouée à mon sauveur. On a voulu en faire un faussaire et, à coups d'argent et de forfait, l'anéantir. […] Le monde n'admire que les victorieux, quels que soient leurs moyens de vaincre. Victime dès mes premiers pas de jeune fille, livrée, hélas, à la perversité, j'étais condamnée aux défaites. »

17

A Bruxelles, Clémentine, Cobourg de sang et Bonaparte de cœur

On n'a jamais connu une princesse plus patiente que Clémentine, princesse de Saxe-Cobourg et troisième fille du roi Léopold II des Belges et de la reine Marie-Henriette. Une vie placée sous le signe de la dévotion filiale et du sacrifice de ses envies avant de connaître, elle aussi, le grand amour.

Dès sa naissance le 30 juillet 1872, Clémentine déçoit son père. Le roi Léopold II des Belges espérait voir un fils venir remplacer, sinon dans son cœur, au moins dans la ligne de succession au trône, le prince Léopold qu'il avait perdu lors du tragique hiver 1869. Le roi reprochait à son épouse la reine Marie-Henriette de ne pas réussir à lui donner d'héritier mâle, alors qu'il se retrouvait avec trois princesses sur les bras et autant de problèmes à résoudre. Après un aussi mauvais départ dans la vie, Clémentine aurait pu être la plus malheureuse des jeunes filles mais ce ne sera pas le cas. La princesse peut même prétendre au titre envié de plus heureuse des trois filles de l'intraitable Léopold et de la distante Marie-Henriette.

Sa position de petite dernière et surtout son tempérament docile la préservent le plus souvent des reproches et des réprimandes, en tout cas pendant son enfance. Ses premiers sanglots correspondent au départ de ses sœurs Louise et surtout Stéphanie dont elle se sent proche au point de voir en elle une « petite maman ». Le drame le plus terrible de la jeune vie de Clémentine survient le 11 janvier 1890 : le château de Laeken, résidence royale, est la proie des flammes. La gouvernante de Clémentine, la fidèle Mlle Drancourt, perd la vie dans l'incendie. Face aux grandes tragédies ou aux petites vicissitudes du quotidien, Clémentine dévoile sa véritable personnalité. Elle se montre digne en toutes circonstances, mais aussi très douce et toujours prête à composer afin de préserver – autant que possible – une bonne ambiance familiale. Elle partage avec sa mère l'amour des chevaux et des chiens ainsi qu'une profonde et sincère foi chrétienne. De son père, elle a hérité les traits physiques typiquement « Orléans » dont un nez fin et long, ainsi qu'une force de caractère qu'elle sait, non sans habileté, dissimuler lorsque les circonstances l'obligent. Clémentine apprécie la nature et la vie à la campagne mais elle ne dédaigne pas non plus les soirées en ville où elle peut porter de belles toilettes agrémentées de ses plus jolis bijoux.

Après les échecs matrimoniaux retentissants de ses filles aînées, Léopold II ne voit pas dans le mariage de la cadette une priorité de sa politique diplomatique. La situation européenne a changé et les fiascos précédents ont refroidi ses ardeurs de marieur Cobourg. Un exercice dans lequel, il faut le reconnaître, il est beaucoup moins doué que son père. Puis il a appris à apprécier sa cadette, une jeune fille sage et mesurée, qui sait tenir sa place. Il n'est absolument pas pressé de la voir quitter Bruxelles et souhaite même qu'elle reste le plus longtemps possible à ses côtés. Une fois encore, sa position de cadette protège

Clémentine de l'inconfortable position de la princesse en première ligne.

Il n'en reste pas moins qu'elle demeure une princesse et que Léopold reste un Cobourg. Il se met dès lors en tête de lui faire épouser son cousin germain le prince Baudouin qui est l'héritier présomptif du trône depuis la mort du jeune Léopold. De cette manière, les deux branches de la famille seront réunies et le sang de la branche aînée incarnée par Léopold II et Clémentine continuera de couler dans les veines du futur souverain. Un calcul dynastique somme toute logique de la part du souverain mais qui ne tient aucun compte des risques d'hérédité liés à une proximité familiale trop forte et encore moins des inclinations réciproques des futurs époux.

Si Clémentine est très émue à l'idée de cette union et peut-être même amoureuse de ce cousin séduisant dont tout le monde chante les louanges, Baudouin est loin de partager son enthousiasme. Il faut compter aussi avec la comtesse de Flandre, Marie de Hohenzollern-Sigmaringen, l'énergique mère de Baudouin qui ne veut en aucun cas entendre parler de ce mariage. A grand regret, le souverain abandonne son projet de mariage familial et Clémentine renonce à son joli rêve. Même éconduite, elle conserve une tendre affection pour son cousin et la princesse sera profondément affectée lorsque celui-ci décédera en 1891 des suites d'une infection pulmonaire.

Les autres pistes conjugales évoquées au sujet de la cadette Cobourg semblent toutes vouées au même destin. On renonce aux pistes germaniques et l'on oublie rapidement le scénario d'une union avec le prince Victor-Emmanuel de Savoie. Il faut dire que les parents de Clémentine se sont parfaitement habitués au célibat de leur cadette. L'acariâtre reine Marie-Henriette s'est retirée dans la petite ville thermale de Spa, située dans l'est du royaume, et elle tient à ce que Clémentine passe le plus de temps possible avec elle. La princesse est très populaire parmi la population spadoise qui la reconnaît à son grand chapeau, à son goût pour les fleurs et à ses manières affables. Ne salue-t-elle pas les Spadois poliment quand elle se promène en ville ou lorsqu'elle se rend aux courses ? De son côté, Léopold II utilise sa cadette comme première dame du royaume, un rôle auquel la reine Marie-Henriette a renoncé depuis longtemps. Pour ne rien gâter, la princesse fait merveille dans l'art délicat de la diplomatie entre ses parents. Etre fidèle à l'un sans vexer l'autre n'est pas tous les jours un exercice aisé. Clémentine apprécie aussi le charme de la Côte d'Azur où le souverain bâtisseur possède une somptueuse propriété. Si Clémentine ne se sent pas attirée par l'Allemagne et ses princes, elle cultive, en revanche, une grande francophilie, héritée de sa grand-mère, la reine Louise-Marie d'Orléans. Un penchant qui aura de profondes conséquences dans sa vie de femme.

1902 voit la disparition de la reine Marie-Henriette. Plus ému par son veuvage qu'on n'aurait pu le penser, Léopold II tient à offrir à son épouse des funérailles nationales et somptueuses. Plus que jamais, Clémentine joue à merveille son rôle de reine de substitution. Très mince, droite comme un « i » et toujours élégante, elle fait l'unanimité lors de chacune de ses apparitions. Pendant ce temps, Léopold II cultive son jardin secret avec la baronne de Vaughan, la sulfureuse Blanche Delacroix, ainsi que ses enfants illégitimes, les petits Lucien et Philippe. Clémentine paraît condamnée au destin – un peu triste – de la vieille fille fidèle. Mais, au fond de son cœur, elle garde un secret qui va changer sa vie et l'opposer, pour la première fois, à son père.

Un homme fait l'objet de ses tendres pensées ; il habite Bruxelles, pour cause de loi d'exil en France. Il arbore de belles bacchantes, en même temps qu'il porte le lourd nom de prince Victor Napoléon. En sa qualité de fils du prince Jérôme Bonaparte, il est devenu l'héritier de la famille impériale française et l'espoir de tous les bonapartistes qui désespèrent de trouver un prétendant à la hauteur de leurs espérances. Même si la politique n'est pas sa première préoccupation, son nom suffit à lui conférer une présence sur la scène internationale. Son père, le prince Napoléon (surnommé Plon-Plon), se fait envoyer des rapports pour être informé des faits et gestes de son fils. Dans son ouvrage *Les Bonaparte*, le prince Charles-Napoléon décrit avec précision le genre d'information qu'il reçoit :

« Le prince Victor habite au 253, avenue Louise, il a un loyer de 10 000 francs, il mène un grand train de vie, la tenue de sa maison épate tout le monde, il a une écurie de sept chevaux et un office de neuf domestiques. La dame en question habite une maison particulière rue de Livourne. Cette rue est située près de l'avenue Louise. Le loyer est de 2 000 francs. Il est fait au nom du prince Victor. Triste voisinage a dit une voisine très honorable, on y fait des parties carrées. »

On l'a compris, le prince est présenté comme un homme nourrissant une ambition davantage amoureuse que politique. On lui prête de nombreuses aventures et même une descendance illégitime. A quarante ans bien sonnés, tout le monde pense qu'il finira, lui aussi, vieux garçon. Il a réussi à conserver un caractère confidentiel à sa relation avec la fille du roi des Belges, ce qui n'est pas une mince affaire. Quand Léopold II prend connaissance de la romance de sa fille, il s'oppose fermement à l'idée d'un mariage bonaparto-cobourgeois. Ses raisons sont vite trouvées : elles sont d'ordre politique puisqu'il est inconcevable à ses yeux de choquer les autorités républicaines françaises avec lesquelles il entretient désormais les meilleurs rapports. Léopold II profite de ses moments de liberté pour se rendre à Paris ou dans le sud de la France et la présence encombrante d'un Bonaparte dans la famille risquerait de perturber sa tranquillité. Par ailleurs, il nourrit, en bon Saxe-Cobourg, une méfiance congénitale à l'égard des héritiers de Napoléon. La famille n'a gardé que de mauvais souvenirs de ses rapports avec le clan corse. Cerise sur le gâteau, son intransigeance dans cette affaire matrimoniale lui permet de garder la précieuse Clémentine auprès de lui.

Comme toujours, la princesse est patiente et attend la mort de son père, le 17 décembre 1909, pour concrétiser son avenir sentimental. C'est même l'une des premières décisions politiques de son neveu Albert Ier, devenu le nouveau roi des Belges, d'autoriser le mariage de sa tante. Clémentine a trente-huit ans, il est plus que temps pour elle d'épouser l'homme qu'elle aime. Sans faste excessif, le mariage est célébré à Turin en novembre 1910. L'ancienne célibataire connaît enfin une période de bonheur en voyageant à travers l'Europe où le couple est cordialement reçu par le gotha. Très amoureuse, la princesse écrit à propos de son époux : « Il est tellement bon, gentil, affectueux, sérieux, grand seigneur et de bon conseil. C'est un ami, un guide et je sens tellement que mon bonheur sera le sien. »

Pour la première fois de sa vie, Clémentine s'autorise enfin à vivre selon ses désirs et ses envies. Sa jeunesse arrive peut-être un peu tard mais elle compte bien en profiter. Dans un premier temps, le mariage provoque des réactions mêlées dans le camp bonapartiste. On y est heureux d'une union dynastique prestigieuse mais on craint que celle-ci – trop tardive – ne soit en mesure de garantir un héritier à la cause impériale. Contre toute attente, Clémentine donne pourtant naissance à deux enfants : Marie-Clotilde et Louis-Napoléon. Une éclatante réussite en forme de revanche pour une femme trop longtemps présentée comme l'éternelle et docile cadette de la famille. Toute la petite famille vit dans son élégante demeure de la prestigieuse avenue Louise à Bruxelles. Une maison qui ressemble un peu à un musée, regorgeant de souvenirs de l'épopée napoléonienne. Il est carrément impossible d'échapper au souvenir de l'Aigle entre ces murs. Les invités mangent dans de la vaisselle de campagne ayant appartenu à Napoléon Ier. Dans son bureau, Victor conserve précieusement des reliques impériales comme des peintures, des uniformes, des objets plus intimes (tel le précieux hochet d'or du roi de Rome) et de sculptures évoquant les grandes heures et les revers de fortune des Bonaparte.

Le couple paraît heureux, même si l'on chuchote que la fidélité du prince n'est pas sans faille. Clémentine semble ne pas s'en formaliser outre mesure, rien ne saurait atteindre son bonheur de femme et d'épouse. Toujours aussi élégante, la Cobourg ne regrette pas son rôle de première dame officieuse du royaume de Belgique et se contente de jouer à la perfection celui de maîtresse de la maison impériale. Pendant la Première Guerre mondiale, la famille Bonaparte quitte la Belgique pour trouver refuge en Angleterre, auprès de l'ex-impératrice Eugénie. Par un étonnant clin d'œil du destin, une Cobourg (Clémentine) se réfugie auprès d'une femme (Eugénie) qui a été à l'origine du malheur d'une autre Saxe-Cobourg, sa propre tante, l'infortunée impératrice Charlotte. Mais n'est-il pas écrit que le temps efface les blessures ?

Le couple rentre en Belgique afin de profiter de ses dernières années de bonheur conjugal. Le prince succombe à une attaque d'apoplexie en 1926 et Clémentine se retrouve veuve après seulement seize années de mariage qui ont transformé sa vie. La princesse Saxe-Cobourg a résolument embrassé la cause napoléonienne. Par-delà toute prétention dynastique, Clémentine est devenue une véritable Bonaparte. Toujours fidèle à ses règles de conduite, elle est autant la bienvenue dans sa famille à Laeken que dans la famille impériale à Ajaccio. Elle demeure toujours appréciée du peuple belge, même si ses apparitions publiques se font de plus en plus rares.

L'exemplaire Clémentine est devenue l'icône de la famille Bonaparte dont elle partage les grands moments et les célébrations dynastiques. Qui aurait imaginé que ce rôle incomberait un jour à une Saxe-Cobourg, petite-fille de Léopold Ier, l'homme qui avait été humilié par l'empereur à Paris où il était venu plaider la cause de son duché ? L'histoire réserve parfois de belles ironies… La discrète Clémentine s'éteint à Nice le 8 mars 1955, un peu oubliée de ses compatriotes mais sans avoir jamais prêté le flanc au scandale. Une grande dame, jamais prise en défaut, s'en est allée, emportant avec elle une certaine conception de l'Europe monarchique.

18

A Berlin, Victoria, l'impératrice humiliée

Cobourg et Hohenzollern. Une femme écartelée entre deux fidélités, c'est le drame de l'impératrice Victoria d'Allemagne. Fille de la reine Victoria d'Angleterre et épouse de l'empereur Frédéric III d'Allemagne, elle est aussi la mère de Guillaume II. Une mère et un fils que tout sépare et qui deviendront d'implacables ennemis.

La petite fille qui naît le 21 novembre 1840 est le premier enfant de la reine Victoria du Royaume-Uni et de son époux, le prince Albert de Saxe-Cobourg. Une enfant doublement Cobourg mais qui ignore encore qu'elle portera cet héritage comme une croix tout au long de sa vie en Allemagne. La « Pussy » de Victoria fait l'objet d'une éducation soignée et sur laquelle ses parents portent un regard attentif. La reine d'Angleterre a trop souffert d'avoir reçu une éducation insuffisante pour la lourde charge qui l'attendait. Quant au prince Albert, il n'est pas le genre d'homme à négliger ce genre de question. L'influence inspirante de l'oncle Léopold de Belgique est toujours là pour guider les jeunes parents sur les sentiers difficiles de l'éducation des princes. Albert va même jusqu'à codifier strictement tous ces principes pédagogiques qui doivent renforcer le prestige des couronnes.

Aînée des enfants royaux et brièvement héritière du trône (jusqu'à la naissance de son frère Edouard), Victoria bénéficie donc de toute l'attention des adultes, sous la férule de la stricte lady Littleton qui a en charge la nursery royale et de Sarah Anne Hildyard, la deuxième gouvernante de l'enfant. Comme il sied dans une famille royale aussi cosmopolite que les Hanovre-Cobourg d'Angleterre, la petite princesse est soumise à un apprentissage des langues aussi précoce qu'intensif. Parmi celles qu'il lui faut maîtriser à la perfection, apparaît bien sûr en bonne place l'allemand qui lui sera bien utile plus tard. Victoria révèle un caractère fort, mais aussi de bonnes aptitudes à l'étude. Chose rare pour l'époque, l'implication des parents dans l'éducation de leurs enfants est importante. Le prince Albert met un point d'honneur à suivre leurs progrès, à passer du temps et à être à même de jouer avec eux pour stimuler leur envie d'apprendre. Il privilégie bien sûr les matières intellectuelles sans mépriser les disciplines manuelles. Avec son épouse, le prince consort Cobourg veille à ne pas trop impliquer ses enfants dans la vie de la cour qui pourrait corrompre leur caractère et leur faire ignorer les vraies valeurs de la vie.

Victoria n'a que huit ans lorsqu'un événement vient perturber la quiétude de la vie familiale. Une révolution éclate à Berlin en 1848 et la famille régnante est contrainte de prendre la route de l'exil pendant quelques semaines. Guillaume de Prusse et Augusta de Saxe-Weimar-Eisenach sont très proches de Victoria et d'Albert et, à ce titre, ils trouvent refuge à Londres. La petite fille ignore bien sûr qu'elle vient de rencontrer pour la première fois ses futurs beaux-parents. Nouvelle opportunité de rapprochement de l'axe Londres-Berlin, trois ans plus tard, quand la jeune Victoria est priée de guider le prince Frédéric dans l'Exposition universelle de Londres. Le prince a dix-neuf ans et Vicky n'est encore qu'une enfant de onze ans mais un début de complicité réunit les deux princes. Les parents s'en aperçoivent et commencent, en bons Cobourg, à échafauder des projets matrimoniaux.

Ce voyage revêt décidément une importance particulière puisque le jeune Prussien trouve cette fois l'occasion de mener des conversations d'adulte avec le prince Albert. Ensemble, ils évoquent les bienfaits du régime anglais ainsi que les vertus des idées libérales. L'ambiance qui règne à Londres tranche avec celle de Berlin qui, rappelons-le, vient d'être confronté à une révolution. Pour le jeune Frédéric, il est grandement temps de reconsidérer l'absolutisme prussien et de se mettre au diapason des idées nouvelles. Pour mener à bien cet embryon de projet politique, il sait qu'il peut compter sur le prince Albert, toujours disposé à prodiguer ses bons conseils. Cerise sur le gâteau, l'Allemand est fasciné par les relations qu'entretiennent entre eux les membres de la famille royale anglaise. Une manière, somme toute, presque bourgeoise de vivre ensemble qui diffère de l'étiquette rigide qui régit les rapports familiaux à Berlin.

Dans l'esprit de la reine Victoria, le compte à rebours des noces est lancé. Et même s'il ne faut pas forcer le destin, elle s'ouvre de son projet auprès de quelques proches au sein du réseau Cobourg, dont l'incontournable oncle Léopold. Auprès du roi des Belges, elle vante le caractère éveillé du prince Frédéric de Hohenzollern ainsi que son excellente éducation. Son apprentissage est bien évidemment passé par l'entraînement militaire (comme tout bon Prussien qui se respecte) mais il comporte aussi un important volet philosophique et culturel. En d'autres temps, on aurait qualifié cette union arrangée de mariage des « lumières ». Décidément, l'avenir paraît radieux pour l'axe Londres-Berlin. L'année 1855 est celle de la nouvelle rencontre. Cette fois, Vicky n'est plus une enfant, c'est une jeune fille de quinze ans qui retrouve le jeune homme avec lequel elle entretient depuis longtemps une correspondance.

Si, à Londres, l'hypothèse d'un mariage Cobourg-Hohenzollern remporte tous les suffrages, il n'en va pas de même à Berlin où le camp anglophobe fourbit ses armes. En mère lucide sur les qualités de ses enfants, la reine Victoria a une inquiétude. Elle craint que sa fille aînée ne soit pas assez séduisante pour plaire au prince prussien. Il s'agit certes d'une union dynastique mais il ne faut pas négliger pour autant les inclinations du cœur, voilà encore une bonne leçon prodiguée par les Cobourg.

Heureusement, par-delà le physique, il semble bien que le charme opère. Les deux jeunes gens discutent volontiers et leurs sourires ne trompent pas. Frédéric sait parfaitement ce qu'on attend de lui et il ne tergiverse pas. Il ne lui faut que trois jours pour demander aux souverains d'Angleterre la main de leur fille. Victoria et Albert ne cachent pas leur joie mais ils estiment que Vicky devra s'armer de patience et attendre ses quinze ans pour convoler en justes noces. Pour le prince prussien, il s'agit d'épouser une jeune femme et de marquer une intention politique. En choisissant une princesse anglaise, il affirme clairement sa position. La reine Victoria saisit sa plume pour informer le roi Léopold du projet matrimonial :

« Balmoral, 22 septembre 1855.

« Mon très cher oncle,

« Je profite de votre propre messager pour vous confier, à vous seul, en vous priant de ne pas même l'annoncer à vos enfants, que nos vœux, au sujet du futur mariage de Vicky, viennent de se réaliser de la manière la plus flatteuse et la plus satisfaisante.

« Jeudi, le 20, après déjeuner, Fritz Wilhelm nous dit qu'il souhaitait nous parler d'un sujet, dont ses parents, il le savait, ne nous avaient jamais entretenus ; il désirait entrer dans notre famille ; depuis longtemps il y pensait ; il avait l'assentiment absolu et l'approbation de ses parents et du roi, et, trouvant Vicky si *allerliebst*, il ne voulait pas tarder davantage à nous soumettre sa proposition. Je n'ai pas besoin de vous dire avec quelle joie, pour notre part, nous avons accepté. Mais l'enfant ne saura rien avant sa confirmation, qui aura lieu à Pâques. A ce moment, le prince reviendra, et, suivant son désir, lui fera part lui-même de son sentiment, et je ne doute guère, ou plutôt je ne doute nullement, qu'elle accepte avec bonheur. C'est un bon, excellent, charmant garçon, auquel nous donnerons notre chère enfant en toute confiance. Ce qui nous plaît énormément, c'est de voir qu'il est vraiment enchanté de se trouver avec Vicky. »

Le mariage est d'autant plus délicat qu'il divise profondément l'opinion publique dans les deux pays. En Grande-Bretagne, on brocarde une famille qui n'a pas respecté ses engagements pris au lendemain de la révolution de 1848 et qui mène une politique d'alliances incohérente. On la soupçonne aussi de dépendre du bon vouloir de Moscou qui est présenté comme un « grand frère » tyrannique et exigeant. A Berlin, on l'a vu, les conservateurs tirent à boulets rouges sur ce mariage étranger. Ils auraient de loin préféré une union avec une princesse allemande. Et tant pis si Vicky est une Saxe-Cobourg, son sang germanique a été perverti par une trop longue présence sur un sol dangereusement contaminé par le parlementarisme. Sur les rives de la Spree, il ne reste que le camp libéral pour applaudir un mariage qui changera peut-être la situation politique à l'ombre de la porte de Brandebourg. Le 17 mai 1856 sont annoncées les fiançailles. Une nouvelle vie commence pour la princesse anglaise.

Albert de Saxe-Cobourg compte beaucoup sur ce mariage pour influencer la politique en Allemagne. Il est convaincu que la Prusse doit donner l'exemple d'une monarchie plus libérale, un heureux exemple qui pourra, ensuite, être étendu à l'ensemble de la Confédération germanique. Le prince consort d'Angleterre demeure un Cobourg, attaché à ses origines et décidé à peser de tout son poids sur le destin de son ancienne nation. Il connaît le tempérament conservateur du roi Guillaume mais il ne désespère pas de le faire fléchir. Pour parvenir à ses fins, il peut compter sur la présence de sa fille, la jeune Vicky devenant, sans l'avoir demandé, un instrument politique entre les mains de son père.

Chez les Cobourg, la famille reste toujours prioritaire. Il lui faut apprendre à jouer son rôle et acquérir les bases d'une parfaite éducation politique à la sauce anglaise. Albert la bombarde de conseils, de leçons et de devoirs. Il lui raconte les événements de 1848 et lui demande d'en tirer les conclusions pour son rôle futur. Comme toujours, Vicky s'applique et essaie de donner pleine satisfaction à ses parents. Mais elle ne peut savoir ce que son propre père ignore… A Berlin, les réticences contre le libéralisme sont fortes et la vieille tradition militariste prussienne est encore vivace. Avant même d'avoir mis un pied dans son nouveau royaume, Vicky y dénombre moult ennemis. Les négociations financières ne sont pas plus simples. Si la princesse se voit attribuer une dot de 40 000 livres par le Parlement britannique (sans compter une dotation de 8 000 livres annuelles), le roi Frédéric-Guillaume IV attribue seulement 9000 thalers à son neveu... Cela crée d'emblée un sérieux déséquilibre dans le couple et renforce l'image, déjà négative, de la jeune Victoria.

Outre ces questions financières, on lui reproche aussi de demander un entourage anglais (un désir qui lui sera refusé) et de ne pas manifester une réelle impatience à devenir prussienne. On lui reproche aussi de vouloir conserver son titre de princesse royale qui lui a été attribué à la naissance. Une volonté londonienne perçue comme un affront à Berlin ! *Last but not least* dans cette longue liste de reproches, la guéguerre que se livrent les deux cours pour savoir où organiser le mariage. Les Hohenzollern veulent qu'il se déroule à Berlin, alors que les Saxe-Cobourg plaident pour Londres. Ce sont finalement ces derniers qui obtiendront gain de cause, ajoutant encore au courroux germanique. Unique consolation dans l'esprit cobourgeois, Ernest von Stockmar (le fils du précieux Christian Stockmar de Léopold Ier) est nommé secrétaire de la princesse. S'il est allemand, au moins possède-t-il l'oreille du prince consort. Le 25 janvier 1858, le mariage est célébré dans la chapelle du palais Saint-James à Londres.

Dès son arrivée dans son nouveau pays, Vicky se trouve dans la situation très inconfortable qu'avait connue Marie-Antoinette en son temps. On lui demande d'être fidèle et à son ancienne et à sa nouvelle patrie. En aînée de la branche anglaise des Cobourg, elle doit se montrer obéissante envers ses parents, quitte à passer pour une traîtresse aux yeux de la famille de son mari. Très proche de son père et désireuse de répondre à ses attentes, Vicky lui adresse de nombreuses lettres pour le tenir informé des petits comme des grands événements qui rythment la vie de cour prussienne. Comme si cela ne suffisait pas, il lui faut aussi rendre des comptes à sa mère qui la place dans des situations embarrassantes. Victoria se montre intransigeante et exige de sa fille une totale et commune fidélité à l'Allemagne, tout comme à l'Angleterre. Inutile de préciser que cette double appartenance est une mission impossible.

Alors que Vicky fait son possible pour ménager les susceptibilités de chacun, elle a le sentiment d'avoir toujours tort. Trop anglaise ou trop allemande… qui est-elle vraiment, au plus profond d'elle-même ? La pauvre – et encore très jeune – femme se sent incomprise et mal aimée à Berlin. Les journées sont longues, et les attentes qui pèsent sur ses épaules, immenses. Pour ne rien arranger, elle se sent mal à l'aise dans la vieille aile du palais de Berlin qui leur a été affectée. Heureusement, elle peut compter sur son époux pour lui remonter le moral et se montrer prévenant. Et l'annonce d'une grossesse princière en 1858 devrait être de nature à renforcer sa position dans une cour où elle est le plus souvent considérée comme une étrangère.

La grossesse de Victoria va changer sa vie et, assurément, devenir la cause de ses malheurs. Le 27 janvier 1859 est une journée particulièrement froide. Victoria ressent les premières douleurs et les médecins s'affairent autour du lit princier. Malgré tous leurs efforts, l'accouchement se passe mal. Un concours malheureux de circonstances se met en place : des médecins qui semblent gênés de l'auguste position de leur patiente, des domestiques qui ne se montrent pas à la hauteur de leur tâche, sans oublier la malchance qui aboutit à un drame humain. Au cours de l'accouchement, la mère et le fils manquent de perdre la vie. Ils s'en sortent *in extremis*. Les médecins constatent très vite que le bébé présente une anomalie du bras, une paralysie qui handicapera sa croissance et conduira à une atrophie définitive.

Dans un premier temps, les praticiens se veulent rassurants en promettant un rétablissement progressif mais cela n'empêche pas Victoria d'être dévorée par l'angoisse. Quand il apparaît que l'enfant ne pourra jamais avoir un bras « normal », il faut se résoudre à l'annoncer à la famille. Une lettre déchirante d'émotion et porteuse de la triste nouvelle est expédiée vers Londres. La naissance, quelques mois plus tard, d'une petite Charlotte en pleine santé apporte un peu de réconfort au couple (au total, le couple aura huit enfants) mais l'éprouvante vérité n'en est pas moins présente : Victoria a mis au monde l'héritier du trône et celui-ci est contrefait. L'Anglaise seule portera la responsabilité de ce lourd échec. La position de Victoria dans la stricte cour prussienne n'est guère enviable et la mort du roi Frédéric-Guillaume IV ne change rien à la situation. Guillaume Ier monte sur le trône, Frédéric devient Kronprinz, mais il ne perçoit toujours aucune dotation. Le prince continue de vivre aux crochets de son épouse, ce qui indigne profondément la cour anglaise. Victoria ne serait-elle qu'une assurance bancaire et non une épouse princière digne de ce nom ?

Alors que les vexations se multiplient, Victoria apprend une terrible nouvelle : le prince Albert meurt de la typhoïde le 14 décembre 1861 alors qu'il n'a que quarante-deux ans. La princesse est dévastée par la disparition de son père adoré qui fut aussi son mentor mais ce n'est encore que le début des heures noires. Guillaume Ier essuie une fronde du Parlement alors qu'il veut obtenir des crédits pour réformer l'armée. Le conflit est tel que le souverain songe un moment à abdiquer. Victoria ne serait pas opposée à cette solution qui porterait son mari sur le trône et lui permettrait de mettre en pratique ses idées libérales. Or, c'est finalement tout le contraire qui se produit. Guillaume Ier choisit de porter Otto von Bismarck au pouvoir. Conservateur et autoritaire, l'homme façonnera le visage de la nouvelle Allemagne et s'opposera systématiquement aux ambitions du Kronprinz et de son encombrante épouse Saxe-Cobourg. Les années qui suivent sont douloureuses pour le couple. Victoria est accusée de mille maux mais surtout d'avoir une mauvaise influence sur son époux et de faire le jeu de l'Angleterre. Quand son frère Edouard le prince de Galles épouse la princesse Alexandra de Danemark (un pays rival de l'Allemagne), on veut encore y voir le résultat des sombres machinations de Victoria. Son époux s'oppose publiquement à Bismarck et le roi prend fait et cause pour son ministre, au détriment de son fils. Les pressions et les soupçons sont tels que même le fidèle Stockmar est contraint de démissionner.

Tandis que Bismarck s'emploie à effectuer l'unité allemande au détriment de l'ancienne Confédération germanique, la guerre des duchés contre le Danemark ou l'Autriche fait rage, Victoria multiplie les gages de patriotisme mais rien ne semble suffire pour lui accorder un certificat de respectabilité allemande. Quand son fils Sigismond décède à vingt et un mois d'une méningite, on demande à Victoria de ne pas s'épancher trop longtemps sur son sort. Une fois encore, la princesse ne trouve aucun réconfort ni dans sa famille, ni dans sa belle-famille qui s'opposent pour des motifs politiques et se console en connaissant au moins le bonheur d'un mariage harmonieux et la joie d'être mère.

En 1870, la guerre franco-prussienne bouleverse le visage de l'Europe et le destin de Victoria. La Prusse écrase la France, renverse Napoléon III, et l'Empire allemand est proclamé en 1871 dans la galerie des Glaces du château de Versailles. Tout au long du conflit, Victoria s'investit personnellement dans les visites aux blessés mais, une fois encore, cet engagement est jugé suspect et lui est reproché. Quant au comportement courageux du Kronprinz au combat, il est minoré pour souligner l'action décisive de Bismarck dans la fondation du nouvel Etat. Friedrich et Victoria n'en sont pas moins désormais les princes héritiers d'un vaste empire.

Loin de cueillir les lauriers de la gloire liés à ses états de service, le prince héritier est éloigné des cercles du pouvoir et de l'armée, Guillaume Ier préférant le cantonner à des occupations culturelles, nettement plus inoffensives. Si le couple est regardé avec méfiance – et souvent avec mépris – par les milieux militaires, il n'en va pas de même des artistes et des intellectuels auprès desquels ils sont très populaires. Plus que jamais, Victoria se convainc de l'importance pour le nouvel empire d'emprunter la voie libérale. Amie des arts et des idées nouvelles, la Kronprinzessin doit se méfier de tous ses ennemis, même les plus proches. Elle trouvera bientôt en son fils aîné un redoutable adversaire.

Depuis sa naissance, tous les traitements visant à soigner le petit prince Guillaume ont été voués à l'échec. L'enfant a souffert et a développé un complexe qui va le poursuivre toute sa vie. Le handicap n'est pas seulement une source de souffrance pour le prince, il représente aussi une honte pour la famille. Vicky se sent coupable et, si elle aime son aîné, elle ne réussit pas à se comporter avec lui comme elle le fait avec ses autres enfants. Pour ne rien arranger, une partie de l'éducation est confisquée à la mère pour être confiée aux militaires. Chez les Hohenzollern, les princes doivent à la fois savoir marcher au pas, obéir aux ordres et apprendre à commander. Comme toujours, la princesse se sent tenaillée entre deux fidélités. D'un côté, elle veut suivre les préceptes de sa propre éducation et, de l'autre, elle veut l'éduquer dans l'esprit germanique. Il en résulte une bascule constante entre les idées libérales et les idées conservatrices, le jeune Guillaume optant rapidement pour les secondes. La mort du jeune prince Waldémar en 1879 plonge de nouveau sa mère dans une détresse profonde. Seule face à une famille implacable, elle se console en se disant qu'elle peut compter sur son époux qui deviendra, un jour prochain, souverain à son tour.

En bonne Cobourg, Victoria se met à échafauder des projets de mariage pour ses enfants, convaincue que ces unions pourront asseoir sa position au sein de la famille. Le mariage le plus important est bien sûr celui du prince héritier Guillaume et le choix se porte sur Augusta-Victoria de Schleswig-Holstein-Sonderbourg-Augustenbourg. De nombreuses voix s'élèvent pour fustiger une union trop peu prestigieuse mais, cette fois, Victoria tient bon. Pour autant, belle-mère et belle-fille seront loin d'être de grandes amies et la position du Kronprinz semble de moins en moins assurée à la cour tandis que le jeune Guillaume se rapproche des camps militaristes et conservateurs. En toute logique, la fin prochaine du Kaiser Guillaume Ier devrait soulager la princesse Cobourg et lui apporter la promesse d'une libération mais, tandis que le vieux monarque s'éteint à petit feu, son fils et héritier tombe malade. Les médecins ne réussissent pas à se mettre d'accord sur la nature de l'affection dont il souffre et certains lui diagnostiquent un cancer du larynx. L'Allemagne se retrouve dans l'étonnante situation d'avoir un empereur à l'agonie et un prince héritier qui dépérit jour après jour. Vicky veut tout tenter pour venir en aide à son époux et reproche à son fils de se réjouir de la maladie de son propre père qui pourrait le conduire directement sur le trône. Le prince perd progressivement l'usage de la parole mais cela ne l'empêche pas de devenir le nouvel empereur allemand à la mort de son père le 9 mars 1888.

Le règne de Frédéric III ressemble à la chronique d'une mort annoncée. Symboliquement, un acte politique fort du nouveau souverain consiste à décorer son épouse de l'ordre de l'Aigle noir. La plus belle preuve d'amour et d'attachement qui soit de la part d'un homme qui a toujours sincèrement aimé sa femme. Face à la maladie, Frédéric III est incapable de mener les réformes dont il a toujours rêvé. Vicky veut encore y croire et espère qu'un miracle est toujours possible. L'establishment berlinois ne veut pas parier un schilling sur ce couple impérial éphémère qui sera bientôt relégué aux oubliettes de l'Histoire. Le 15 juin 1888, meurt le pauvre empereur, et son fils devient le troisième empereur allemand sous le nom de Guillaume II. Ce dernier fait immédiatement fouiller les appartements impériaux afin de trouver tous les documents qui pourraient lui nuire d'une manière ou d'une autre. Et si, officiellement, l'Allemagne pleure son souverain, dans les faits le camp conservateur se réjouit de cette nouvelle défaite des libéraux.

Rapidement, Guillaume II veut effacer tout souvenir de ce père encombrant et de ce passé honni. Il procède à une mise au pas rapide des conseillers ainsi qu'à une reprise en main des institutions. Il se venge aussi de l'influence néfaste, à ses yeux, de sa mère en la chassant de son palais. Celle qui est devenue l'impératrice douairière demeure, plus que jamais, une femme encombrante. S'il le pouvait, Guillaume II effacerait jusqu'à la dernière goutte de sang anglais qui coule dans ses veines mais il ne peut se débarrasser de Victoria. Cette dernière s'installe à Kronberg im Taunus, au grand dam de son fils qui aurait aimé la voir partir pour l'Angleterre. Le Kaiser la soupçonne de vouloir constituer une deuxième cour impériale où elle ferait la part belle à ses penchants libéraux. Et dans les faits, Guillaume II n'a pas tout à fait tort. Victoria a perdu son père et son époux, mais elle n'a pas renoncé aux idées qui leur étaient chères. Poursuivre cette route représente aussi, pour elle, une question de fidélité.

Veuve, Vicky est plus seule que jamais. Impuissante, elle assiste à la mise en place de la politique militariste et conservatrice qu'elle avait toujours combattue. Par moments, elle espère que son fils fera un pas vers elle, par exemple en lui confiant la présidence de la Croix-Rouge, mais celui-ci s'en abstient. Au contraire, il cherche à faire disparaître la moindre trace du bref passage de ses parents sur le trône. Elle est désespérée de voir que son fils a choisi une manière de gouverner qui ne correspond plus à l'époque. Elle est même convaincue que cet absolutisme anachronique conduira à une catastrophe mais, en guise de maigre consolation, elle ne connaîtra jamais ce naufrage.

L'impératrice consacre ses dernières années à la lecture et à la peinture. Elle se plaît en la compagnie des artistes qu'elle tient pour être des esprits éclairés, très éloignés des obtus qui dictent le gouvernement de l'Allemagne à Berlin. Quand on lui diagnostique un cancer du sein, elle prend soin d'envoyer des documents privés à son frère, le roi Edouard VII d'Angleterre. Il faut à tout prix éviter que son fils ne puisse, en plus, souiller sa mémoire. La reine Victoria décède le 22 janvier 1901. Quelques mois plus tard, le 5 août, sa fille Vicky la suit dans la tombe. Ultime réconfort, elle sait qu'elle rejoint pour l'éternité son cher Friedrich, l'homme qu'elle a toujours aimé. Treize ans plus tard, son fils honni précipitera le monde ancien, auquel il était pourtant viscéralement attaché, dans l'abîme.

19

A Sofia, l'étrange tsar Ferdinand

Dans l'écurie Cobourg, il est l'un des princes les plus hauts en couleur. Un géant qui s'est taillé un royaume dans la grande tradition familiale mais dont la longue vie et les choix contestables ne lui ont pas épargné les coups du sort.

Quand il naît à Vienne le 26 février 1861, Ferdinand est loin d'être le prince le plus exposé du gotha. Son père Auguste de Saxe-Cobourg-Kohary est issu d'une branche cadette de la famille. En revanche, sa mère la princesse Clémentine est l'une des filles de Louis-Philippe le roi des Français et de son épouse Marie-Amélie. Cinquième et dernier enfant de la fratrie, Ferdinand voit le jour après ses frères. Chose rare à l'époque, il est le fruit d'une grossesse tardive de sa mère qui a quarante-trois ans lorsqu'elle le met au monde. Femme énergique, Clémentine régente tout son petit monde au palais Cobourg de Vienne et se désole du manque d'ambition de ses fils aînés. Son frère Philippe a épousé Louise, la fille aînée du roi des Belges Léopold II. Quant à son frère Auguste, il a épousé la princesse Léopoldine du Brésil. Si le prestige de ces unions princières est garanti, Clémentine regrette qu'elles ne conduisent pas ses premiers fils vers les sommets politiques qu'ils mériteraient à ses yeux.

Clémentine est une femme énergique, une princesse Orléans dont le père a conquis un trône à la faveur d'une révolution, tandis que son mari est un de ces Cobourg qui règnent déjà à Londres, à Bruxelles ou à Lisbonne. Le père de Ferdinand n'est pas réputé pour être le plus doué des princes mais il se passionne pour les arts ou les sciences. Ambitieuse et surtout très riche, Clémentine est l'une des princesses les plus en vue en Europe, même si la chute de son père, chassé par la révolution de 1848, a porté un coup à son prestige. Reportant son ambition sur ses enfants, Clémentine soigne particulièrement son cadet qui incarne à son avis ses rêves de grandeur.

Ferdinand n'est pas un enfant comme les autres. Il se montre plus adepte des disciplines de l'esprit que du sport. Le prince se passionne pour les sciences naturelles et révèle des qualités d'amateur d'art. Profitant des multiples connexions familiales, il entreprend de nombreux voyages. Il réside dans les propriétés paternelles en Hongrie, puis découvre la Belgique, le Brésil ou la Russie. Le réseau Cobourg fonctionne à merveille pour révéler au monde ce grand jeune homme qui ne passe pas inaperçu. Mais si, devant lui, chacun fait mine de le respecter et de louer ses qualités, il en va tout autrement lorsque le prince tourne le dos. On se moque de ses attitudes efféminées, de son allure de dandy et, surtout, on raille son nez qui a la dimension d'une cathédrale. Très proche de sa mère, le jeune prince ignore encore ces quolibets. Il se convainc, lui aussi, qu'il est promis à un destin fastueux. C'est du moins la volonté de la princesse Clémentine qui se met en tête de lui conquérir un trône. Encore faut-il savoir lequel et où…

Le salut vient de l'est de l'Europe et plus précisément de la principauté de Bulgarie qui connaît un nouvel épisode mouvementé de son histoire compliquée. Le 21 août 1886, le prince Alexandre de Battenberg, qui règne sur cet Etat vassal de l'Empire ottoman, est chassé par un coup d'Etat. La puissante Russie qui ne veut plus entendre parler de ce souverain sur le trône est à la manœuvre. Contraint à l'abdication, Alexandre laisse un territoire sans souverain. L'Assemblée nationale porte dès lors son choix sur un prince danois qui est également retoqué par les Russes. Tandis que la Bulgarie s'enfonce dans l'indécision, les candidats à la fragile couronne ne se bousculent pas au portillon. C'est finalement vers le prince Ferdinand que se tournent tous les regards.

Dans les chancelleries européennes, on se gausse plus ou moins discrètement de cette candidature saugrenue. Comment un tel personnage pourrait-il devenir un souverain crédible ? Le 3 juillet 1887, l'Assemblée nationale bulgare se réunit pour procéder à l'élection du souverain. D'aucuns espèrent encore un retour d'Alexandre de Battenberg à Sofia mais celui-ci renonce à toute ambition politique en Bulgarie. Dès lors, Ferdinand se retrouve seul et unique candidat en lice et devient le nouveau prince de Bulgarie le 7 juillet. Il reste encore au prince Cobourg à atteindre son nouveau pays, ce qui est loin d'être une entreprise aisée.

Le prince réside à Ebenthal et il monte dans un train à destination d'Orsova. Ferdinand craint tellement d'être intercepté en cours de voyage qu'il se cache dans les toilettes. On a déjà vu plus glorieux en matière de marche triomphale vers un trône, mais qu'importe, la fin vaut les moyens. A Orsova, le prince Cobourg embarque à bord d'un vapeur qui le conduit à Svichtov où il pose enfin le pied sur le sol bulgare. Symbole de l'ancienne puissance de l'Empire bulgare, la ville royale de Tarnovo est le théâtre de son investiture princière. Le 22 août, le nouveau souverain fait enfin son entrée à Sofia, sa capitale, qu'il ne connaît pas encore.

Si Ferdinand a réussi à conquérir son trône, il lui reste encore à se faire reconnaître par les puissances européennes, et là, le défi est loin d'être gagné. Ce n'est pas tant la personnalité du nouveau prince qui pose problème (encore qu'il manque singulièrement de crédibilité sur le plan politique) mais plutôt le veto russe qui fait craindre une nouvelle guerre européenne. Ferdinand est meurtri par les réactions de ses cousins européens et il est convaincu que sa vie est en danger suite aux manœuvres de la Russie qui ne veut pas voir la Bulgarie s'éloigner de son orbite.

Sur le plan intérieur, Ferdinand doit aussi se trouver des appuis. Privé de réel choix, il jette son dévolu sur Stefan Stambolov, l'ancien régent qui avait assuré l'interrègne pendant la vacance du pouvoir. Les deux hommes se détestent cordialement mais l'un a besoin de l'autre et *vice versa*. Pendant près de sept ans, le régent va assumer le pouvoir en ne laissant à Ferdinand qu'un simple rôle protocolaire. Le prince met ce temps à profit pour se familiariser avec son nouveau pays et en apprendre la langue. Ferdinand est un homme intelligent, doué pour l'étude, et il se sent très à l'aise dans son nouveau rôle. Pendant ce temps, le pays se modernise et se développe, ce qui rend la Bulgarie de plus en plus présente sur la scène internationale.

Ferdinand pense que le temps fera son œuvre mais il s'aperçoit, à son grand regret, qu'il reste *persona non grata* en Europe lorsqu'il se met en quête d'une épouse. La trentaine passée, le prince est toujours célibataire et, dans un contexte aussi troublé, il faut qu'il convole sans attendre et qu'il donne un héritier à la couronne. Hélas, la quête matrimoniale s'apparente à un véritable parcours du combattant. Pour un Cobourg, famille habituée aux tractations nuptiales, le mariage de Ferdinand prend des allures de mission impossible. Sa mère, la princesse Clémentine, est, une fois encore, à la manœuvre mais elle comprend que l'entreprise est délicate. Plusieurs familles sont pressenties mais les réactions sont négatives. Au sein de l'internationale Cobourg, on préfère se concilier les bonnes grâces du tsar en évitant d'attiser son courroux. Tant Londres que Berlin refusent d'envoyer une de leurs princesses au feu. Dépitée mais ne s'avouant pas vaincue, Clémentine reporte ses espérances sur le duché de Toscane avant de se rabattre sur la fille aînée du duc de Bourbon-Parme. Les négociations sont âpres et manquent plus d'une fois d'achopper sur des questions de religion. Intraitable, le duc impose que la clause selon laquelle l'héritier du trône doit être baptisé dans la foi orthodoxe soit annulée. Cette concession provoque une vague de réprobations à travers le pays. Le mariage est finalement célébré en 1893 dans la ville de Parme.

Pour ceux qui en douteraient, l'union n'a rien d'une histoire d'amour. Ferdinand est réputé pour ses grandes colères et ses mœurs « inverties », comme on le disait à l'époque. Il ne fait aucun doute que ce mariage politique poursuive d'autres buts que celui d'ancrer la position de Ferdinand et d'assurer la pérennité de la plus récente des dynasties Cobourg. Une fois marié, le prince se sent pousser des ailes. C'est d'autant plus vrai qu'un prince héritier nommé Boris (prénom éminemment bulgare) est né en 1895. Ferdinand prend les choses en main et congédie son ministre Stambolov qu'il considère comme le premier obstacle à de bonnes relations avec la Russie. L'homme politique finira tragiquement, quelques mois plus tard, assassiné par des nationalistes macédoniens.

Injustement accusé d'avoir commandité le complot qui a eu la peau de son éternel adversaire politique, le prince poursuit en réalité un seul et unique objectif : se faire reconnaître roi (et plus précisément Czar) des Bulgares. Dans les faits, la Bulgarie est toujours vassale de la Sublime Porte mais l'Empire ottoman n'est plus que l'ombre de lui-même et il n'a plus les moyens d'exercer sa tutelle comme jadis. Avec habileté, Ferdinand réussit à se concilier les bonnes grâces du grand frère russe. En 1908, son rêve devient réalité et il réussit à se faire proclamer tsar des Bulgares. Une fois de plus, la famille a conquis un trône mais, cette fois, il s'agit assurément du plus improbable des souverains Cobourg. Devenu veuf en 1899, il épouse Eléonore Reuss de Köstritz le 28 février 1908 dans l'église Saint-Augustin de Cobourg. Une fois encore, les questions de religions s'invitent à la noce. Le mariage est célébré selon le rite protestant (religion de l'épouse), malgré le culte orthodoxe pratiqué à Sofia.

Si l'homme est habile, sa manière de concevoir son métier de roi ne lui garantit pas beaucoup d'appuis en Europe. On lui reproche un opportunisme sans foi ni loi et d'être capable de retourner sa veste si le vent venait à changer de direction. Il louvoie continuellement entre le soutien de la Russie ou des puissances d'Europe centrale. Ce qui peut être considéré comme une politique hasardeuse du coup par coup peut aussi être analysé de manière différente. Ferdinand navigue entre deux eaux afin de préserver son pays d'un allié russe trop étouffant. La Bulgarie qui vient de gagner son indépendance en s'affranchissant des Ottomans ne veut pas retomber dans une nouvelle vassalité. Il n'en reste pas moins que le tempérament volcanique du souverain n'arrange pas son image sur l'échiquier politique international. Le tragique épisode des guerres balkaniques illustre bien le caractère périlleux de la politique royale. La Première Guerre agrandit considérablement le territoire qui acquiert notamment la Thrace du Nord et une partie de la Macédoine. La Seconde Guerre constitue une grande défaite pour la Bulgarie qui n'a plus d'autre choix que de se lancer dans les bras des puissances d'Europe centrale. Cette fois, Ferdinand choisit résolument son camp en devenant l'allié des empires d'Allemagne et d'Autriche-Hongrie pendant la Première Guerre mondiale. Pendant le conflit, Ferdinand continue de louvoyer en tentant de ménager la chèvre et le chou. Mais le camp russophile ne lui pardonne pas son engagement proallemand et encore moins la défaite dans laquelle il a entraîné la Bulgarie. A l'issue du conflit, le pays capitule et le roi n'a plus d'autre option que celle d'abdiquer. Son fils Boris III lui succède.

Etrangement, l'abdication correspond à un nouveau départ pour l'ex-souverain. A ses yeux, il reste un personnage incontournable de l'histoire de son pays. Il est celui qui a établi la dynastie Cobourg sur le trône bulgare et qui a affranchi la nation de la tutelle turque. L'ancien allié obtient l'asile en Allemagne et revient au berceau de la famille, à Cobourg, où il vivra encore pendant trente ans. Avec une certaine philosophie, il considère que la perte de son trône fait partie des aléas de la vie et constitue un des risques du métier. Après tout, cela aurait pu être pire. Il aurait pu tomber sous les balles d'un nationaliste ou d'un anarchiste.

Il ne nie pas sa peine mais il se montre philosophe quand il confie : « Si l'on soupe avec du chagrin, il n'est pas nécessaire d'inviter le monde à vous voir manger. » En veine de confidences, il ajoute : « Les rois en exil sont plus philosophes dans les revers que les individus ordinaires ; mais notre philosophie est principalement le résultat de la tradition et de la famille et n'oubliez pas que l'orgueil est un élément important dans la fabrication d'un monarque. Nous sommes disciplinés dès le jour de notre naissance et on nous enseigne à éviter tous les signes extérieurs d'émotion. Le squelette est assis pour toujours avec nous à la table de la fête. Cela peut signifier meurtre, cela peut signifier abdication, mais il sert toujours à nous rappeler l'inattendu. Ainsi nous sommes préparés et rien n'arrive comme étant une catastrophe. L'essentiel dans la vie est de supporter toutes les conditions de l'exil physique ou spirituel avec dignité. »

D'une certaine manière, Ferdinand est heureux de pouvoir profiter d'un exil qui lui apporte enfin la sérénité qu'il a toujours souhaitée. Le souverain déchu se consacre désormais aux sciences, à l'art et à la nature. Il voyage et, en bon Cobourg, il soigne les relations familiales. Il assiste, non sans fierté, au règne de son fils Boris III à Sofia. Mais il aura la tristesse de voir tout son édifice s'écrouler au lendemain de la Seconde Guerre mondiale. Non seulement la mort de ses fils mais aussi la fin de la monarchie et la déposition de son petit-fils, le jeune roi Siméon. Parvenu au soir de sa vie, le rêve royal de Ferdinand s'est totalement écroulé. Il meurt à quatre-vingt-sept ans dans son château de Cobourg. Comme si l'Histoire avait opéré une boucle, revenant à ses origines. Contrairement à ses volontés, sa dépouille n'a jamais été transférée en Bulgarie.

20

1914-1918, la fin des Cobourg ?

Malgré les fissures politiques, les enjeux coloniaux et économiques et les conflits de famille, la solidarité Cobourg s'est maintenue jusqu'aux premières années du XXe siècle. La politique familiale prônée par Sophie-Antoinette à la fin du XVIIIe siècle avait porté ses fruits au-delà de toute espérance. Au début du XXe siècle gravitait autour de la reine Victoria toute une Europe monarchique qui puisait encore ses racines dans l'intarissable vivier des principautés allemandes.

Avec la reine Victoria en guise d'épicentre familial, le bloc Cobourg paraît encore inébranlable. En examinant les portraits de famille de la souveraine anglaise, du tsar de Russie ou de l'empereur d'Allemagne réunis pour prendre le thé, on est loin d'imaginer que la menace d'un conflit réduira bientôt à néant cette belle solidarité familiale de façade. Lancée à plein régime depuis le début du XIXe siècle, la mécanique Cobourg marque pour la première fois ses limites. Dans l'Europe moderne, la politique n'est plus une affaire de familles, de mariages et de diplomatie façon Ancien Régime. Et pourtant, c'est au sein même du clan Cobourg que vont éclater les pires oppositions. Le chant du cygne d'une certaine Europe et l'obligation pour les héritiers Cobourg de gommer le nom d'une dynastie qui s'était élevée au rang de premier pourvoyeur de princes du Vieux Continent.

Au royaume de Belgique, Albert Ier avait succédé à son oncle Léopold II en 1909. Par le physique, le style et le caractère, le nouveau souverain tranchait radicalement avec le précédent. Il ne s'était pas privé de critiquer la politique coloniale léopoldienne au Congo et n'hésitait pas à mettre en avant des préoccupations sociales. Néanmoins, d'un point de vue strictement familial, Albert est encore un prince allemand. Petit-fils de Léopold de Saxe-Cobourg, il est le fils de Marie, comtesse de Flandre et née Hohenzollern-Sigmaringen. Et pour couronner le tout, il a épousé Elisabeth Wittelsbach, duchesse en Bavière, fille de Charles-Théodore, duc en Bavière et de Marie-Thérèse de Bragance. Difficile de trouver plus conforme à l'hérédité allemande en associant trois des plus grands noms dynastiques de l'empire.

Les rencontres d'Albert et Elisabeth avec le Kaiser et son fils le Kronprinz avant la guerre n'ont pas porté le couple à l'optimisme. Guillaume II qui vient rendre une visite diplomatique à Bruxelles au mois d'octobre 1910 raisonne encore en termes de famille et il estime pouvoir compter sur les cousins belges qui laisseront, si besoin est, passer les troupes germaniques par leur territoire. Depuis son indépendance, la Belgique a toujours réussi à préserver sa neutralité, comme lors de la guerre de 1870. Confrontés à la menace pangermaniste, le souverain belge et son épouse ne tergiversent pas. En devenant roi et reine des Belges, ils s'affirment aussi belges que tous leurs compatriotes. Ils refusent toute concession à Guillaume II et affirment l'indépendance nationale dont le roi est le garant, conformément à son serment constitutionnel. Une décision courageuse mais qui aura de lourdes conséquences pour le petit royaume Cobourg.

L'Allemagne attaque la Belgique le 4 août 1914. Le même jour, Albert se présente, accompagné de la famille royale, devant la chambre des représentants. Il y prononce un discours vibrant qui suscite l'enthousiasme dans l'hémicycle.

« Si l'étranger, au mépris de la neutralité dont nous avons toujours scrupuleusement observé les exigences, viole le territoire, il trouvera tous les Belges groupés autour du souverain, qui ne trahira jamais son serment constitutionnel, et du gouvernement investi de la confiance absolue de la nation tout entière. J'ai foi dans nos destinées : un pays qui se défend s'impose au respect de tous, ce pays ne périt pas. Dieu sera avec nous dans cette cause juste. Vive la Belgique indépendante ! »

Pour tous ceux qui en douteraient encore, le Cobourg est bel et bien devenu un « de Belgique ». Pendant tout le conflit, le couple royal se replie sur le dernier lambeau de Belgique sur la côte qui réussit à échapper à l'invasion allemande. Ironie de l'histoire, ils s'établissent à La Panne, là même où le grand-père d'Albert Ier, Léopold Ier de Saxe-Cobourg était entré dans son nouveau royaume. Pendant tout le conflit, Albert et Elisabeth y gagnent un statut de héros, rapidement élevé au rang de mythe. Dans leur modeste retraite, le couple reçoit des savants, des artistes, des hommes politiques et des militaires. Fidèle aux enseignements reçus de son père qui avait ouvert une clinique ophtalmologique et était préoccupé du sort des plus faibles, la reine assiste les infirmières pour soulager la douleur des soldats. A mesure que la guerre se prolonge et cause d'immenses dommages humains, il apparaît de plus en plus inopportun pour la famille royale de continuer de porter un nom aussi marqué par ses origines allemandes. L'idée est d'autant plus difficile à accepter que les cousins Cobourg allemands combattent dans les rangs de l'empire contre les forces alliées. Au lendemain de la guerre, en 1920, la dynastie belge décide donc de changer de nom. Elle renonce à celui de Saxe-Cobourg et Gotha et opte pour « de Belgique », plus conforme à son destin national. Le changement ne provoque pas d'émoi particulier mais il est symbolique pour le couple royal qui refuse de vivre dans la nostalgie d'une Europe monarchique qui a tragiquement prouvé son naufrage lors du premier conflit mondial. 1914-1918 a marqué les limites du système Cobourg et imposé un recentrage purement national à ceux qui ont pu se maintenir sur le trône.

En Allemagne, la situation est bien différente au lendemain de la guerre. La chute de la maison Cobourg, à Cobourg en 1918, sonne aussi le glas de l'ascension irrésistible de la famille depuis un siècle. C'est la fin définitive de siècles de pouvoir exercé par la dynastie sur ses territoires de Thuringe. En Belgique, Albert et Elisabeth ont porté la monarchie à un degré de popularité jamais atteint. L'après-guerre est le prétexte d'une évolution de la démocratie belge vers davantage d'ouverture, notamment dans la reconnaissance de certaines revendications progressistes. D'ailleurs, avant même de revenir à Bruxelles, Albert Ier impose au monde politique de prendre en considération les réformes nécessaires, notamment sur les plans sociaux et linguistiques.

Le couple entreprend aussi une tournée autour du monde pour représenter leur pays et célébrer la victoire du camp des alliés. Elisabeth découvre avec émotion la ville de New York où tout lui paraît si moderne, si nouveau. A ses côtés, Albert est au cœur de l'enthousiasme mais il n'apprécie pas la foule. Alors Elisabeth s'échappe seule – quand même accompagnée de sa dame de compagnie – pour découvrir les merveilles de Broadway *by night*. Elisabeth a toujours estimé que, si elle était reine, elle n'était pas obligée de se comporter toujours comme telle. Rien ne la fatiguait davantage qu'un courtisan qui se plie obséquieusement devant elle comme si le bas de son dos était muni d'une charnière bien huilée ! Née Wittelsbach, épouse d'un Cobourg, Elisabeth est devenue une de Belgique. Et c'est en tant que reine des Belges qu'elle entre dans l'Histoire.

Le Royaume-Uni connaît une évolution sensiblement identique, et même plus rapide, puisque le pays n'a pas été envahi lors de la Première Guerre mondiale. Sur le trône, George V règne de manière stricte, dévoilant un caractère très différent de celui de son père, le bon vivant Edouard VII. Le sentiment antiallemand est tellement présent pendant la guerre que le chef de famille estime que la dynastie doit changer de nom sans attendre la fin du conflit. Le 17 juillet 1917, la maison de Saxe-Cobourg et Gotha est rebaptisée maison de Windsor par une proclamation solennelle du roi George V. En théorie, l'ère des Saxe-Cobourg et Gotha est donc très courte en Angleterre… Seul le roi Edouard VII aura accompli tout son (court) règne sous le nom de famille Saxe-Cobourg et Gotha. George V a porté officiellement ce nom pendant sept ans.

Au total, seize petites années qui pourraient ne pas peser bien lourd au regard de la longue histoire de la monarchie anglaise. Mais, dans les faits, les Saxe-Cobourg ont engendré une dynastie qui est toujours sur le trône et qui s'est distinguée par son caractère anglais, au point d'incarner l'image nationale comme ne l'avaient jamais fait auparavant les Stuart ou les Hanovre. Pour les

Cobourg d'après guerre, le salut est passé par l'identification nationale et l'abandon des références familiales. Même si certains liens familiaux d'ordre privé et plus intimes continuent d'exister. En pratique, la maison de Cobourg a prouvé qu'elle était capable de pragmatisme pour répondre aux exigences de son époque. Comme Léopold Ier avait renoncé à la chimère d'un pouvoir absolu, les Cobourg du début du XXe siècle ont accepté de sacrifier leur nom sur l'autel d'une nouvelle époque. Et bien leur en a pris car ils sont toujours solidement assis sur leurs trônes !

21

A Cobourg, Carl-Eduard, le Cobourg à l'ombre de la croix gammée

Partis à l'assaut de l'Europe, les Cobourg continuent de régner sur leur duché germanique. Un destin incarne plus que les autres le fossé qui s'est creusé dans la famille suite aux conflits mondiaux. Carl-Eduard fut le dernier prince à avoir exercé le pouvoir à l'ombre de la sombre citadelle familiale.

Le petit garçon qui naît au château de Claremont House le 19 juillet 1884 ne connaîtra jamais son père, le duc d'Albany étant mort le 28 mars 1884 des suites de son hémophilie. Petit-fils de la reine Victoria et du prince consort Albert de Saxe-Cobourg, il devient, par les vertus des lois dynastiques, le nouveau duc de Saxe-Cobourg et Gotha dès sa naissance. Si l'on en juge par son environnement familial, le petit duc est un pur produit de l'aristocratie britannique. La reine Victoria tout comme le futur roi Edouard VII sont choisis comme marraine et parrain. Quant à sa mère, Helena de Waldeck-Pyrmont, elle veut lui inculquer les meilleurs préceptes ainsi que quelques règles humanistes. Elle lui rappelle l'importance d'être un homme bon en toutes circonstances et d'honorer toujours la mémoire de son défunt père. En réalité, le jeune Carl-Eduard sera très vite attiré par ses origines allemandes. La forte influence de son cousin germain, le Kaiser Guillaume II, ne sera pas étrangère à cette inclination. Avec ironie, sa famille anglaise parle du petit duc comme s'il était le septième fils de l'empereur d'Allemagne.

A priori, Carl-Eduard n'aurait pas été destiné à régner sur Cobourg. Les hasards des successions et surtout la volonté impérieuse de la reine Victoria vont changer sa vie. A l'époque, c'est Alfred d'Edimbourg, le deuxième fils de la reine Victoria, qui règne sur le duché. Lorsqu'il perd son fils unique en 1899, la reine Victoria demande à son fils de désigner son neveu (déjà orphelin de père) comme héritier de la couronne ducale. Après ses études à Bonn, Carl-Eduard peut se targuer d'une excellente connaissance de l'Allemagne et il hérite du duché de Cobourg à la mort de son oncle en 1900. Le nouveau duc de Saxe-Cobourg-Gotha est un jeune homme de seize ans qui doit accepter la régence du prince héréditaire de Hohenlohe-Langenbourg, son cousin par alliance. Oscillant toujours entre deux mondes, le jeune duc est fait chevalier de l'ordre de la Jarretière britannique en 1902, avant d'exercer la réalité du pouvoir sur le duché allemand dès 1905. La même année, il épouse, sur le conseil de l'empereur d'Allemagne, Victoria-Adélaïde de Schleswig-Holstein-Sonderbourg-Glücksbourg. Son ancrage dans le camp allemand paraît de plus en plus manifeste.

La Première Guerre mondiale scelle le destin du jeune duc. Placé face à un conflit de loyauté envers ses origines familiales et son rôle de chef d'Etat, Carl-Eduard n'hésite pas bien longtemps avant de choisir son camp. Il se range du côté allemand et renie sans états d'âme son pays de naissance. Le duc accède au rang de général dans l'armée allemande, même s'il ne sera jamais investi d'un commandement important. En représailles et dès 1915, son cousin George V, le roi d'Angleterre, exige qu'il soit rayé du prestigieux ordre de la Jarretière.

De toute évidence, Carl-Eduard est l'homme d'un autre siècle, très attaché aux traditions et à l'exercice absolu du pouvoir. Avec inquiétude, il constate que les mouvements socialistes prennent de plus en plus d'ampleur en Allemagne, à mesure que la guerre s'éternise et que la victoire du Kaiser apparaît moins évidente. Quand la révolution russe éclate en 1917, il assiste avec désarroi à la chute de Nicolas II et de son régime autocratique. Il redoute de connaître le même sort si les rouges venaient à vaincre sur ses territoires. L'avenir lui donne partiellement raison. Le 18 novembre 1918, les travailleurs et le Conseil des soldats de Gotha imposent la déposition du duc de Saxe-Cobourg et Gotha. Carl-Eduard veut encore croire qu'il est possible d'inverser le cours de l'Histoire mais, cinq jours plus tard, il prononce, la mort dans l'âme, son acte d'abdication au trône. C'est la fin de près de quatre siècles d'exercice du pouvoir pour les Cobourg en leurs terres originelles de Cobourg.

Déchu en Allemagne, Carl-Eduard peut difficilement prétendre retrouver ses biens et ses droits en Angleterre. La famille royale a même pris la décision hautement symbolique de renoncer à son nom de Saxe-Cobourg et Gotha. En choisissant de porter le nom de Windsor, George V veut aussi envoyer un message clair à ce cousin honni qu'il considère comme un traître. Dans la foulée, le duc est dépossédé de ses titres et possessions d'Albany, de Clarence et d'Arklow. Le prince félon n'a plus rien à voir avec l'Angleterre et se retrouve, à trente-quatre ans, dans une situation apparemment inextricable. Il rumine sa rancœur envers sa famille qui l'a renié alors qu'il estime, lui, n'avoir obéi qu'à son devoir. Il en veut tout autant à ce peuple allemand qui a tourné le dos à son histoire et à ses princes en portant des socialistes au pouvoir. Il déteste profondément cette nouvelle Allemagne républicaine qui incarne tout ce qu'il veut combattre. Alors que le désordre se propage à travers le pays, Carl-Eduard se sent en danger face à ses anciens sujets qui vont jusqu'à le menacer physiquement. A ses yeux, seul un retour à l'ordre ancien pourra sauver ce qui peut encore l'être.

Comme beaucoup d'aristocrates de l'époque, il se tourne vers des mouvements nationalistes qui prônent l'ordre et le respect des valeurs anciennes. Parmi ces groupes qui veulent engranger les dividendes de l'instabilité, les séides de Herr Hitler apparaissent comme les plus fiables aux yeux de Carl-Eduard. Il use de son influence pour les appuyer à Cobourg qui devient même la première ville d'Allemagne à élire un maire nazi, Franz Schwede, en 1931. Les hommes en uniforme défilent dans le cœur de ville et font taire les voix de gauche. En 1931, il se réjouit de la création du front de Harzburg qui tente une large coalition de partis de droite. Il faut attendre 1935 pour que le duc déchu rejoigne le parti nazi. Il devient officiellement membre des SA et s'engage dans la hiérarchie nazie. Parallèlement, il garde des contacts avec le prince de Galles, le futur Edouard VIII d'Angleterre, qui se montre beaucoup plus compréhensif à son égard. Engagé dans l'infernal *cursus honorum* national-socialiste, il accède au rang d'Oberguppenführer et s'en va siéger au Reichstag dès 1937.

Pour Hitler, le ralliement de Carl-Eduard constitue un événement important. De manière évidente, le prince illustre l'adhésion des anciens maîtres féodaux de l'Allemagne à l'ordre nouveau national-socialiste. Dans leur naïveté, certains aristocrates pensent que les nazis vont restaurer l'ordre impérial et, dans la foulée, les anciennes maisons régnantes. Un espoir que Hitler se garde bien de dissiper. Non sans adresse, le Führer voit aussi en Carl-Eduard un lien privilégié entre l'Allemagne et l'Angleterre. Bombardé président de l'association anglo-germanique, il tente d'œuvrer à un rapprochement entre la couronne et la croix gammée. En 1936, il assiste aux funérailles de George V, le souverain qui l'avait dépossédé de ses titres et possessions. Optimiste, il veut y voir le signe d'une revanche du destin, d'autant plus que le nouveau roi anglais Edouard VIII se montre plus conciliant. Carl-Eduard est rassuré par les intentions du souverain et il affirme à Hitler que l'aristocratie britannique nourrit des sentiments positifs à l'égard des nazis. Il assiste avec regret au conflit qui oppose Edouard VIII à son gouvernement. Quand le souverain abdique, Carl-Eduard l'accueille tout naturellement en Allemagne lors de son voyage hautement controversé avec son épouse Wallis Simpson.

Les manœuvres diplomatiques du prince de Cobourg n'iront pas beaucoup plus loin. Il ne trouve rien à redire des persécutions dont sont victimes les juifs à Cobourg. De 1933 à 1945, il assume aussi les fonctions de président de la Croix-Rouge allemande. Celle-ci devient une ramification de la pieuvre nazie et n'a plus grand-chose à voir avec ses missions humanitaires. L'organisme sert les desseins nazis et contribue à exterminer malades mentaux et handicapés. Le prince nomme le SS Ernst-Robert Grawitz pour assumer le poste de chef des opérations de la Croix-Rouge allemande, un homme qui jouera un rôle important dans la mise en chantier de la solution finale et dans les expérimentations sur les humains.

Même s'il n'a pas été l'organisateur de ces abominations, il est difficile de penser que Carl-Eduard n'était au courant de rien. Le duc de Cobourg n'était ni naïf, ni aveugle. Pendant la guerre, les trois fils du prince combattent pour l'Allemagne et son deuxième, le prince Hubert, est tué sur le front de l'Est. Au lendemain du conflit, Carl-Eduard est placé en résidence surveillée. Sa sœur Alice d'Albany plaide sa cause avec conviction et le duc détrôné finit par quitter sa prison. L'homme a prématurément vieilli et il est affaibli. Un tribunal le condamne à de lourdes amendes mais son âge et son état de santé lui épargnent la prison.

Sa haine viscérale du communisme est mise à rude épreuve quand il assiste au passage de la ville de Gotha sous le pavillon rouge, frappé de la faucille et du marteau. Il retourne vivre à Cobourg qui, faisant partie de la Bavière, est placé sous zone d'influence occidentale, presque oublié de tous. En 1953, personne ne prête attention à un vieil homme qui achète un ticket dans un cinéma de la ville pour aller assister à l'événement dont tout le monde parle. Elizabeth II est couronnée nouvelle reine du Royaume-Uni. La petite-cousine de Carl-Eduard n'a pas voulu de sa présence pour partager ces moments historiques. Entre Londres et Cobourg, les ponts sont coupés depuis bien longtemps. Epilogue discret d'un destin torturé, Carl-Eduard meurt en 1954, définitivement rejeté par les membres du gotha dont il avait été, jadis, l'un des princes les plus en vue.

Parmi les enfants du duc et de la duchesse de Cobourg, la princesse Sibylle née en 1908 est assurément la plus connue, même si elle ne sera jamais reine. En 1932, elle épouse Gustav-Adolf de Suède, duc de Västerbotten. La cérémonie se déroule à Cobourg et le président allemand Hindenburg apporte son plus entier support à cette union. Mais, à cette époque, le drapeau nazi flotte déjà à Cobourg et les images du mariage provoquent un effet désastreux en Suède. Pour ne rien arranger, le couple décide de passer sa lune de miel dans l'Italie fasciste. Il n'en reste pas moins que Sibylle est bien devenue princesse de Suède et duchesse de Västerbotten. Le couple aura quatre filles (les princesses Margaretha, Birgitte, Désirée et Christina… et un fils prénommé Carl-Gustav).

Longtemps, des rumeurs ont couru à propos du prince Gustav-Adolf qui aurait été proche des nazis, une sympathie qui aurait été confirmée par ses rencontres avec, entre autres, Hitler et Göring. La question a fait débat en Suède et divise encore les historiens. Aujourd'hui, il apparaît à la vue des témoignages que le prince était un adepte des démocraties. La cour a aussi démenti ces soupçons en réhabilitant l'image de celui qui était souvent vu dans l'opinion comme le « prince allemand ».

Epouse du prince héritier, Sibylle de Saxe-Cobourg et Gotha ne sera jamais reine. Gustav-Adolf meurt dans un accident d'avion en 1947 à l'aéroport Kastrup de Copenhague. Devenue veuve, la princesse Sibylle conserve bien sûr son rang en Suède, même si certains lui reprochent les actes de son père dont elle n'est absolument pas responsable, faut-il le dire. Très sportive, elle joue aussi un rôle de plus en plus important dans le royaume après la mort de la reine Louise en 1965. Elle devient, de fait, la nouvelle *First Lady* du royaume et multiplie les engagements caritatifs. Elle meurt en 1972, quelques mois avant que son fils Carl-Gustav n'accède au trône. La Suède est à ce jour le dernier royaume européen à avoir rejoint la grande famille Cobourg.

22

A Rome, Marie-José d'Italie face au Duce

Selon les mots de Mussolini, la princesse Marie-José était le seul homme de la famille. Une princesse Cobourg isolée et souvent à contre-courant dans la cour stricte, triste et empesée des Savoie. Une femme qui a marqué l'Histoire par son anticonformisme et un authentique sens de l'honneur.

La troisième génération Cobourg sur le trône de Belgique a radicalement changé l'image de la famille royale. Après un Léopold Ier réputé froid et distant, un Léopold II jugé cynique et autoritaire, Albert Ier veut apparaître plus proche du peuple. Avec son épouse, la reine Elisabeth née Wittelsbach, ils n'hésitent pas à mettre en avant l'image de la famille royale et surtout des enfants royaux. Les princes Léopold et Charles ainsi que la princesse Marie-José entrent dans la vie des Belges à travers mille et un objets et représentations, qu'il s'agisse de boîtes de biscuits, de cartes postales ou d'images à collectionner.

Des trois enfants, c'est Marie-José qui décroche la palme de la popularité. Le peuple belge est séduit par le visage rieur de cette fillette née le 4 août 1906 à Ostende et dotée d'une incroyable chevelure bouclée. Plus d'un peigne a été contraint de déclarer forfait en entreprenant de dompter cette imposante tignasse princière. De son côté, la reine Elisabeth ne se sépare jamais de son appareil photographique et mitraille littéralement sa fille qui ne manque jamais de faire le pitre, surtout lors des séjours familiaux sur la côte à Ostende.

La princesse fête ses huit ans le 4 août 1914, au moment précis où l'Allemagne envahit la Belgique. Pour la jeune Marie-José, c'est déjà la fin des années d'insouciance. Comme ses frères, elle prend le chemin de l'Angleterre pour être mise à l'abri. Malgré des séjours fréquents dans la dernière parcelle de bande côtière belge non occupée par les Allemands, cela correspond aussi à l'éloignement des parents qui sont restés au pays. Ces années d'incertitude la marquent profondément et forgent, d'une certaine manière, son caractère volontaire. Marie-José est consciente de l'importance du devoir pour les princes mais elle en conçoit aussi une volonté de vivre plus forte que tout, surtout dans l'adversité. Par ailleurs, elle a la chance, grâce aux amitiés de sa mère, de rencontrer les plus grands esprits de son temps. En 1917, la princesse quitte l'Angleterre pour découvrir l'Italie.

Accompagnée de sa mère la reine Elisabeth, elle s'émerveille des splendeurs de Florence et poursuit ses études au Collegio della Santissima Annunziata à Villa di Poggio Imperiale. La princesse se met à aimer passionnément un pays dont elle ignore encore qu'il va changer sa vie. Avec application elle s'attelle à l'apprentissage de la langue italienne, étudie l'art, développe une grande passion pour l'histoire mais elle prend d'emblée les mathématiques en grippe. Intelligente, littéraire, passionnée, Marie-José sent confusément qu'elle n'est pas une princesse comme les autres. Malgré son éducation plutôt stricte, elle tient aussi à son indépendance et elle ne se sent guère à l'aise dans les ambiances guindées.

Au lendemain de la guerre, les Saxe-Cobourg et Gotha (qui n'ont pas encore changé de nom) font leur entrée triomphale à Bruxelles. Partout ce ne sont que vivats, applaudissements et bouquets de fleurs. Marie-José est bien sûr associée à ce triomphe. Puis la vie reprend. La princesse poursuit son cursus scolaire à l'établissement du Sacré-Cœur de Lindthout. Ce sont des années plus conformes à une vie « normale » de princesse et Marie-José tâche de s'en accommoder. Elle rêve cependant d'autre chose, d'un autre destin qui réunirait toutes ses aspirations les plus profondes. Des Cobourg, elle a hérité un certain goût pour l'ambition mais, chez elle, ce sont définitivement les racines maternelles Wittelsbach qui l'emportent. Marie-José reste farouchement attachée à sa liberté. Lorsqu'on lui adjoint un chaperon, comme il se doit dans toute famille royale, elle répond qu'elle n'a nul besoin d'un fil à la patte. Elle veut se coiffer à la garçonne et se met à fumer comme un pompier. Pourquoi l'émancipation des femmes ne passerait-elle pas aussi par celle des princesses ?

Pour autant, Marie-José demeure une princesse en vue dans une Europe royale qui, pour avoir été sérieusement ébranlée lors du premier conflit mondial, continue de considérer les unions royales comme un excellent canal diplomatique. En réalité, le destin nuptial de Marie-José est tracé depuis longtemps. Son apprentissage en Italie n'était pas seulement destiné à lui faire découvrir les merveilles de Léonard de Vinci ou de Michel-Ange. Ses parents ont un projet matrimonial précis qui porte le nom d'Umberto de Savoie. Marie-José a eu l'occasion de rencontrer le prince héritier lors de son séjour en Italie, une rencontre dans les règles du gotha et dans le décor somptueux du château de Lispida à Battaglia Terme, près de Padoue. Quand elle eut connaissance de ce rendez-vous, sa grand-tante Marie-Sophie de Bavière fut très contrariée. La dernière reine des Deux-Siciles s'était battue avec l'énergie du désespoir pour préserver l'indépendance de son pays et les ambitions de ces usurpateurs de la famille de Savoie… Par ailleurs, une large frange de l'aristocratie italienne dénie toujours à la Casa Savoia une quelconque prévalence sur le reste du gotha péninsulaire.

Mais les temps ont changé et les Cobourg voient d'un bon œil un rapprochement avec la famille de Savoie. Par la suite, Marie-José avait eu l'occasion de revoir son prince à Anvers et elle l'avait décidément jugé très joli garçon. En Italie, le physique avenant de Son Altesse est tellement réputé qu'on le nomme « le Prince charmant », en français dans le texte. L'union inédite d'une Cobourg et d'un Savoie n'est pourtant pas une opération sans risque dans l'Europe de l'après-guerre. Après avoir été engagée auprès des Empires centraux, l'Italie avait fini par combattre dès 1915 aux côtés des Alliés, en faisant preuve d'un grand courage et au prix de nombreuses pertes humaines. Mais elle n'avait pas été récompensée à la hauteur de son engagement au lendemain du conflit, ni en termes financiers ni en termes territoriaux. Une frustration certaine était née dans l'esprit de la population et, avec elle, se développait l'opposition au gouvernement.

Le pays – encore jeune – est considéré comme instable et l'assassinat du roi Umberto Ier, tombé le 29 juillet 1900 à Monza sous les balles de l'anarchiste Gaetano Bresci, un Toscan émigré aux Etats-Unis, est encore dans toutes les mémoires. La fragile et très bourgeoise démocratie italienne est en butte aux émeutes, le plus souvent orchestrées par la gauche. Elle assiste aussi à l'émergence d'une nouvelle force baptisée fascisme, née aussi à la gauche de l'échiquier politique, mais qui prône l'instauration d'un régime de type corporatiste et nationaliste. A force de brutalités, d'intimidations mais aussi de succès électoraux, le fascisme parvint au pouvoir en 1922. Benito Mussolini est désormais le nouveau maître de l'Italie qui devient une dictature. Mais le Duce n'ose pas encore toucher à la clé de voûte du système italien, la monarchie Savoie à laquelle il voue pourtant un profond mépris mais qui reste très respectée parmi la population.

La couronne italienne était née de la guerre d'unification et Victor-Emmanuel II, qui était monté sur le trône de l'Italie unifiée, devait en grande partie son sceptre à Garibaldi. Les Savoie continuent d'affronter l'hostilité d'autres maisons régnantes d'Italie qui estiment avoir autant, sinon plus, de légitimité à gravir les marches du trône. Au sein même de la famille de Savoie, les rapports sont loin d'être simples. Le « petit roi » Victor-Emmanuel III a beau être considéré comme un héros de la Première Guerre, il n'en souffre pas moins de sa petite taille d'un mètre cinquante-trois. Le monarque a beau arborer de hauts képis ou de grands casques, il lui est impossible de dissimuler sa petite taille qu'il considère comme un handicap humiliant. De son côté, Mussolini éprouve un malin plaisir à se tenir bien droit lorsqu'il se trouve en sa compagnie. Il n'en reste pas moins que la perspective du mariage du prince héritier avec la fille du roi des Belges – le mythe souverain de la Grande Guerre – est considérée comme une belle opération politique pour la Casa Savoia. Et tant pis si tout semble séparer Marie-José et son fiancé !

La princesse se soucie peu du qu'en-dira-t-on et s'habille de manière décontractée en suivant les modes parfois jugées indécentes pour les jeunes femmes de la haute société. De son côté, Umberto attache une importance extrême à l'élégance et ne tolère aucun écart aux strictes règles du protocole. La cour de Rome est réputée pour son extrême rigidité qui contraste avec un peuple connu pour son exubérance naturelle. Les Savoie aiment le faste mais, victime de ses complexes, Victor-Emmanuel se donne peu en spectacle. Il préfère vivre à l'écart des représentations publiques. En homme d'ordre, il règle sa vie de manière militaire. Il en va de sa vie de famille comme des défilés : tout le monde doit marcher au pas. Par ailleurs, le souverain ne fait aucun secret de sa misogynie profonde, même s'il est très amoureux de son épouse.

De son côté, le prince Umberto est très proche de sa mère, la reine Elena à laquelle il voue une véritable vénération. Et parce qu'on ne peut pas arrêter les rumeurs, on prête mille liaisons, souvent sulfureuses de l'un et l'autre sexe, au Prince charmant transalpin. Le pouvoir fasciste ne se prive d'ailleurs pas de colporter et d'intensifier cette réputation de coureur de jupons compulsif. L'objectif est clair, il faut battre en brèche la popularité du prince de Piémont qui incarne l'avenir de la dynastie. Dans l'esprit de Mussolini, écarter le prince revient à préparer un changement de régime. Une succession contestée lui fournirait un excellent prétexte pour se débarrasser de la monarchie, à condition de déconsidérer l'héritier, ce à quoi il s'emploie activement. Loin de ces intrigues politiques, Umberto rencontre Marie-José au château de Losange en Belgique et lui tient des propos qui déconcertent quelque peu la princesse :

« Tu vois, dans notre position, nous sommes comme dans une prison. Nous ne sommes pas libres de faire ce que nous voulons, de décider de notre avenir comme les autres jeunes. »

Marie-José tâche de ne pas accorder trop d'importance aux sombres propos du prince et rapporte dans son livre autobiographique consacré à sa famille ces premiers moments d'intimité :

« Il était cultivé, raffiné, élégant dans ses gestes et attirant. […] Sitôt après, il me prit par la main. A l'époque, c'était le maximum de romantisme autorisé. Au moment où nous approchions du portail du château, Umberto se pencha pour cueillir une marguerite et me l'offrir galamment. »

En dépit de leurs différences de caractère et d'éducation, les deux jeunes gens s'apprécient et comptent bien profiter de ce mariage en grande pompe. En Belgique, des voix s'élèvent pour regretter cette union qui accrédite, d'une certaine manière, le régime dictatorial des chemises noires. Le roi Albert est lui-même très perturbé par ce problème politique mais la logique dynastique se situe en dehors de la politique. En souverain constitutionnel, il établit une nette distinction entre le fait de régner et celui de gouverner. Et puis, à l'époque, le régime de Mussolini bénéficie encore de nombreux appuis en Europe, jusque dans les démocraties les plus établies, comme en Angleterre. Un mauvais présage assombrit la cérémonie des fiançailles à Bruxelles. Près de la colonne du Congrès, en plein cœur de la capitale, un opposant anarchiste italien tire sur le prince Umberto. L'attentat échoue mais Marie-José est profondément choquée par cet épisode. Quelle différence avec la Belgique où la famille royale n'a jamais été aussi populaire !

Le 8 janvier 1930, Rome déploie, sans le savoir, pour la dernière fois de son histoire ses fastes royaux pour célébrer l'union de la princesse Cobourg avec son prince de

Savoie. Umberto s'était beaucoup investi dans la cérémonie. Il avait dessiné lui-même la robe de Marie-José ainsi que le manteau brodé d'or. Les observateurs constatent à quel point la monarchie a voulu faire de la cérémonie royale un contrepoint aux célébrations fascistes qui ponctuent désormais le calendrier. Il faut frapper les imaginations en rappelant que le vrai chef de l'Italie n'est autre que son roi. Et si les faisceaux mussoliniens côtoient les croix de la maison de Savoie, cette dernière est encore le vrai drapeau d'Italie. Le couple princier est charmant et fait à l'époque la une de tous les journaux et la couverture des illustrés.

Mais, après les cérémonies et les photos, commence une nouvelle vie pour Marie-José. La princesse venue du Nord s'aperçoit vite qu'elle possède un tempérament plus exubérant que les membres d'une dynastie, tenus par la discipline que fait régner un inflexible souverain. On chuchote aussi que le prince se montre peu empressé auprès de son épouse sur le plan intime et qu'il lui reproche de ne pas manifester suffisamment de ferveur dans sa foi. Umberto est profondément croyant et très attaché aux pratiques religieuses. Il est même sujet à de fréquentes crises de mysticisme qui impressionnent et, parfois même, inquiètent son épouse. Marie-José, en revanche, vit sa foi sans ostentation, conformément à l'éducation qu'elle a reçue. Au fil du temps, elle en vient d'ailleurs à douter d'être vraiment croyante. Pour autant, elle ne renoncera pas à l'exercice de la religion qui fait partie de ses obligations de princesse.

La nouvelle princesse de Piémont éprouve beaucoup de peine à s'acclimater à l'atmosphère qui règne à la cour. Chez les Savoie, on attend avant tout des femmes qu'elles sachent tenir leur place. Et voilà qu'ils se trouvent face à une princesse qui n'a pas sa langue dans sa poche, suit la mode, se coiffe à la garçonne et fume plus d'un paquet de cigarettes par jour. On est loin de la brave reine Elena... L'impudente Marie-José n'hésite même pas à affronter le Duce qui, en privé, affirme qu'elle est le seul homme de la famille de Savoie !

Profitant d'espions à la cour et inventant, si besoin est, des histoires croustillantes, le régime se plaît à faire circuler les rumeurs les plus diverses. Celle qui revient le plus souvent concerne l'homosexualité du prince de Piémont. Le régime aurait recueilli des témoignages de militaires qui vont dans ce sens. Dans une Italie fasciste qui a élevé la virilité au rang de dogme politique, il ne peut exister de pire infamie que celle d'un prince inverti. Cela ne l'empêche pourtant pas de devenir l'heureux père de quatre enfants : Maria-Pia, Victor-Emmanuel, Marie-Gabrielle et Marie-Beatrice. Parmi les autres rumeurs qui circulent, il y a celles des infidélités, cette fois féminines, du prince mais aussi une brève – mais passionnée – relation qu'aurait entretenue le Duce avec la princesse de Piémont. Dans la foulée, on chuchote aussi que Marie-José aurait un faible pour Italo Balbo, l'as de l'aviation tricolore. Impossible bien sûr de vérifier ces bruits mais, s'appuyant sur le vieil adage qu'il n'y a pas de fumée sans feu, le régime compte bien tirer profit de ces chuchotements malveillants.

L'attitude de la princesse venue du Nord tranche décidément avec les autres membres de la famille royale. A travers le pays, et surtout dans le Mezzogiorno, elle rencontre les plus pauvres et y gagne une grande popularité. Au mépris de toute règle de protocole, elle aime profiter des plaisirs de la mer au cap Pausilippe. Sur le plan politique, elle se trouve dans une situation difficile. En qualité de princesse de Piémont, elle se doit d'être patriote mais elle ne veut pas paraître partisane de la dictature fasciste.

Dès lors, elle est obligée de mener un jeu subtil, oscillant toujours entre sa fidélité à l'Italie et à ses valeurs. Non sans vergogne, le parti au pouvoir argue de son adhésion au fascisme, même si celui-ci est lié à ses activités d'infirmière. En même temps, Mussolini n'accorde aucune confiance à la princesse placée sous étroite surveillance par le régime.

Son soutien aux soldats italiens et sa proximité avec le héros de l'aviation Italo Balbo sont aussi instrumentalisés par le Duce. La guerre va encore compliquer les choses pour une princesse, plus que jamais tenaillée entre deux logiques. Cette fois, son pays d'origine, la Belgique, entre en conflit armé avec sa patrie d'adoption. Le royaume de son frère affronte celui de son beau-père : terrible dilemme. Elle joue un rôle limité sur le plan diplomatique, même si son intercession dans la rencontre de son frère Léopold III avec Hitler est attestée. En coulisses, elle monte pourtant en première ligne dans la résistance au fascisme. Mais, dans cette cour très conservatrice, les femmes n'ont définitivement pas voix au chapitre.

Pour ne rien arranger, les membres de la famille royale sont eux-mêmes partagés sur l'attitude à l'égard du régime de Mussolini. Marie-José tente de pousser son époux à s'affranchir de la tutelle paternelle. Résultat de son éducation trop stricte, le prince donne l'image d'un jeune homme soumis et manquant de courage politique. La vision est réductrice mais il est difficile d'affronter l'inflexible Victor-Emmanuel III. En 1943, le roi se décide enfin à agir en faisant arrêter Mussolini. L'acte est fort mais il arrive tard, probablement trop tard pour sauver l'institution monarchique. Marie-José prend le chemin de la Suisse avec ses enfants, elle retrouve l'Italie alors que son beau-père a finalement pris la décision d'abdiquer le 9 mai 1946.

Le règne éphémère d'Umberto II commence alors que le pays se prépare à se prononcer sur l'avenir de la monarchie au cours d'un référendum. Marie-José devient la deuxième princesse Cobourg de Belgique à ceindre une couronne, après l'infortunée Charlotte du Mexique. Alors que le pays se trouve dans un état de confusion extrême et que certains craignent de le voir glisser dans le camp communiste, Marie-José refuse de faire campagne pour la monarchie. Dans son esprit, elle est déjà passée à autre chose et elle commence à réfléchir à ce que sera désormais sa vie. Par un score de 12 717 000 voix contre 10 719 000, le référendum du 2 juin 1946 signe la fin de la monarchie. Même si de nombreux indices indiquent que la consultation a été manipulée, le règne de Marie-José n'aura duré que le temps d'une floraison printanière. Elle y gagne son surnom de « reine de mai » souveraine éphémère d'un pays qu'elle aime profondément.

L'établissement de la république change radicalement la vie de la souveraine. Umberto II prend le chemin de l'exil au Portugal, alors que Marie-José choisit de s'établir en Suisse. Si le couple conserve de bons contacts, il ne lui sert plus à rien de donner le change puisqu'ils n'incarnent plus l'image de leur pays. Tandis qu'Umberto rumine sans fin son échec et pleure sur ses occasions manquées, Marie-José ouvre un nouveau chapitre de sa vie. Elle qui a été sévèrement jugée par certains monarchistes qui la trouvaient trop moderne devient l'historienne reconnue de la famille de Savoie. Quelle ironie ! Comme toujours, la Cobourg place sa liberté au-dessus de toutes les valeurs. Elle a fait l'expérience des heures difficiles pendant les deux conflits mondiaux qu'elle a vécus, chaque fois, de manière très différente mais dont elle entend tirer les leçons. En tant qu'écrivain, Marie-José recueille un grand succès de librairie grâce à la publication de son livre *Albert et Elisabeth, mes parents*. Elle devient aussi le point de référence d'une famille souvent déchirée, tout en renouant avec ses racines belges. En Belgique, elle est très proche de sa mère, la reine Elisabeth, qu'elle accompagne lors de plusieurs de ses voyages controversés dans le camp communiste. Ces deux anticonformistes ont tout pour s'entendre !

Le 18 mars 1983, l'ex-roi Umberto s'éteint à Genève, toujours victime de sa mélancolie et des regrets d'un pays perdu. De son côté, Marie-José demeure très proche de sa fille Marie-Gabrielle avec laquelle elle vit à Genève. Indomptée et souvent incomprise, la reine de mai obtient, contre toute attente, une nouvelle légitimité après sa mort le 27 janvier 2001. En publiant de longs articles sur la mort de sa dernière souveraine, l'Italie redécouvre la vie et le caractère d'une grande dame qu'ils ont peu connue, un peu oubliée et mal jugée. D'une certaine manière, parvenue au bout de son chemin, la Cobourg la plus indomptable du gotha a réconcilié les Italiens avec une page demeurée trouble de leur histoire. Une reine honorée par la République ? Après tout, n'est-ce pas une manière ironique de reconnaître les mérites de la plus anticonformiste des Cobourg… comme Marie-José l'aurait souhaité ?

23

A Bruxelles, Léopold III des Belges, un Cobourg au bord du gouffre

On le présentait comme le mieux préparé des princes héritiers et il passait aussi pour être l'un des plus séduisants d'Europe. Pourtant, son règne divisa profondément son peuple et s'acheva dans la violence. Aujourd'hui encore, le testament politique du quatrième Cobourg de Belgique continue de faire débat.

Sa naissance le 3 novembre 1901 ainsi que le choix de son prénom ont été de grands motifs de satisfaction pour son grand-oncle le roi des Belges Léopold II. Le petit prince Léopold incarne l'avenir de la dynastie Cobourg à Bruxelles et son enfance épouse étroitement les contours d'une époque troublée mais riche en enseignements. L'accession au trône de son père le roi Albert Ier en 1909, la guerre et l'invasion du pays par les cousins allemands en 1914. La fuite vers la côte, puis l'exil en Angleterre, afin de ne pas tomber entre les mains des ennemis. Les visites aux parents demeurés au pays pendant le conflit, la formation militaire puis le retour triomphal à Bruxelles en 1918. Depuis son plus jeune âge, le duc de Brabant a été confronté aux aléas de l'Histoire et au comportement exemplaire de son père. Des leçons qu'il n'oubliera jamais. Vient ensuite le temps des voyages pour parfaire sa formation, notamment en visitant la colonie congolaise où il s'engage pour une amélioration du sort des indigènes, notamment sur le plan sanitaire.

Dès ces années d'apprentissage, le prince révèle une personnalité forte et une haute idée de son futur métier de roi. En même temps, il fait rêver dans les chaumières du royaume, tant son physique achève d'en faire la parfaite icône du prince charmant. Grand, svelte, des cheveux châtains ondulés et un regard romantique, Léopold est parfaitement conscient de son charme, comme l'avait été, avant lui, son arrière-grand-père Léopold Ier, le premier Cobourg établi en Belgique. A l'instar de tous ses aïeux, le mariage du prince est à la fois une affaire privée et politique. Mais cette fois, ce sont bel et bien les inclinations du cœur qui emportent la décision du choix de son épouse.

Celle que le prince a choisie s'appelle Astrid Sophie Thyra, nièce du roi de Suède et fille du prince Charles de Suède que l'on surnomme « le Prince bleu » à cause de la couleur de son uniforme. Léopold a fait sa connaissance en 1926, alors qu'il effectuait une visite avec sa mère au château suédois de Fridhem. Il avait été présenté aux trois filles du prince mais l'une d'entre elles avait particulièrement attiré son attention. On pouvait même parler de coup de foudre tant l'image d'Astrid commençait à occuper son esprit. Dans un premier temps, le secret fut bien gardé et les voyages entrepris par les jeunes tourtereaux pour se rencontrer se révélèrent particulièrement discrets. Il fallait un peu de temps pour laisser aux deux jeunes gens le temps de se connaître. Toujours à la pointe de la modernité en matière de communication, le roi Albert et la reine Elisabeth convient les journalistes le

22 septembre 1926. Devant une assistance nombreuse et très attentive, le souverain prononce un court – mais inhabituel – communiqué :

« La reine et moi, nous nous sommes permis de vous convoquer pour vous faire part personnellement des fiançailles du prince Léopold avec la princesse Astrid de Suède.

« Lors d'un voyage en Scandinavie au cours duquel il avait rencontré la famille royale de Suède, le prince Léopold fut frappé du charme de la princesse qu'il revit ensuite plusieurs fois depuis six mois [...].

« Leurs parents ne purent que se réjouir d'une telle réaction arrêtée en toute spontanéité, en toute liberté et en toute indépendance. Et c'est ainsi qu'aujourd'hui même, à midi, sont célébrées à Stockholm les fiançailles du prince Léopold avec la princesse de Suède. Nous ne les avons pas annoncées plus tôt pour ne pas leur enlever leur caractère familial. »

A peine le roi Albert a-t-il fini sa communication que la reine Elisabeth, très enthousiaste, s'empresse d'ajouter :

« C'est un mariage d'amour. Rien n'a été préparé. Je serais heureuse que vous le disiez bien à notre peuple. Aucune considération politique n'a prévalu pour arrêter la décision que nous venons de vous annoncer. »

Les Cobourg, qui ont toujours considéré les mariages comme le plus sûr moyen de renforcer leur position dans la grande tradition des unions diplomatiques, inventent une nouvelle forme d'union princière – le mariage dynastique d'amour – qui devient aussi une manière de renforcer la popularité de la monarchie. Bien avant Diana

Spencer, Kate Middleton ou Letizia Ortiz, l'arrivée d'Astrid en Belgique provoque un engouement inédit dans un gotha où l'on répugne souvent à exprimer ses sentiments en public. Très vite, les journalistes veulent tout savoir de la future duchesse de Brabant. Ils enquêtent et apprennent qu'Astrid est une princesse très jolie et, de surcroît, très populaire dans son pays, où elle exerce le métier de puéricultrice. Agée de vingt ans à peine, elle ignore encore qu'elle est sur le point de conquérir les millions de cœurs de son futur peuple. Un peuple qui est convié à partager le bonheur de ses princes, en faisant fi – pour une fois – des règles de protocole et en prenant même certains risques avec la sécurité. Dans cette nouvelle conception du mariage, il ne peut plus être question de priver le peuple d'une cérémonie aussi prestigieuse que joyeuse. Elle doit être vécue au pays et l'on décide donc de couper la poire en deux, bref de sacrifier à la longue tradition du « compromis à la belge ». Le mariage civil est célébré à Stockholm le 4 novembre 1926 et le mariage religieux est prévu en Belgique, une semaine plus tard. Après la noce scandinave, la famille royale belge rentre au pays, laissant Astrid à la maison. Quatre jours plus tard se produit un événement imprévu. Lorsque le grand bateau blanc, le *Fylgia*, arrive le 8 novembre dans la rade du port d'Anvers, les badauds se pressent par milliers pour tenter d'entrevoir la princesse dont la silhouette apparaît au loin sur le pont. Oubliant toutes les règles de protocole, le prince Léopold va à la rencontre de sa femme, toute de blanc vêtue, sur la passerelle qui relie le bateau et le quai. Devant une foule conquise il l'enlace et l'embrasse tendrement. Aussitôt, l'enthousiasme populaire se transforme en liesse indescriptible et c'est toute une ville qui vibre à l'unisson du jeune couple. De mémoire de Belge, jamais encore on n'a assisté à un pareil phénomène. Le voyage d'Astrid se transforme en triomphe et l'adhésion populaire s'accroît encore lors de son arrivée à la gare du Nord et son cortège à travers les rues de la capitale. Le 10 novembre, les noces princières sont célébrées en grande pompe dans la nef de la cathédrale des Saints-Michel-et-Gudule. Astrid était protestante et lui catholique mais les temps ont changé depuis l'arrivée de Léopold en terre catholique et personne ne se formalise de cette différence, étant bien entendu que les enfants seront élevés dans la foi romaine.

Au lendemain du mariage, les Cobourg de Belgique ont tout lieu d'être satisfaits. La dynastie compte un roi et une reine entrés dans la légende dès leur vivant, un prince très populaire et désormais une princesse qui a emporté l'adhésion de tous. En quelques années, la jeune Astrid va être à l'origine d'une évolution profonde de la monarchie, pas seulement en Belgique, dans toute l'Europe des rois. Alors qu'elle a perdu de son importance politique, la monarchie évolue vers un rôle symbolique toujours plus présent, un rôle d'ambassadeur de l'élégance, une part de rêve mais aussi un magistère compassionnel qui ira en s'affirmant au cours des décennies à venir.

Devenue par les grâces du mariage duchesse de Brabant, la jeune Astrid n'a rien d'une intellectuelle, c'est une instinctive. Elle invente au jour le jour la nouvelle manière de considérer le rôle d'une princesse dans une monarchie moderne. Deux mois après le mariage, toute la famille royale accompagne vers sa dernière demeure un fantôme tragique de son histoire. La vieille impératrice Cobourg du Mexique, Charlotte, s'est doucement éteinte au château de Bouchout après avoir vécu cinquante-neuf années d'exil et de folie en Belgique. Des funérailles en forme de rencontre inattendue entre Astrid et Charlotte, deux destins que rien ne rapproche *a priori*, mais qui incarnent deux époques bien différentes de la monarchie et de l'histoire d'une famille.

Astrid se montre rapidement à la hauteur du premier devoir que l'on attend toujours d'une princesse, à savoir donner des héritiers au trône. En 1927, elle met au monde la princesse Joséphine-Charlotte. La petite fille est suivie d'un fils Baudouin en 1930 (qui porte le prénom du frère aîné d'Albert Ier) et d'un dernier garçon, Albert, en 1934. La continuité dynastique est assurée et l'avenir paraît garanti. Avide de découvertes, le couple se lance aussi dans de grands voyages à travers le monde. Astrid découvre le Congo et accompagne son époux en Extrême-Orient. Le prince Léopold y découvre une grande passion pour l'exploration et les sciences, un intérêt qui ne le quittera plus. Mais la parenthèse enchantée, courte, est déjà sur le point de se fermer.

Le 18 février 1934, au lendemain du drame, la Belgique apprend avec stupeur la mort de son roi Albert Ier dans un accident d'escalade à Marche-les-Dames, dans le sud du pays. Ravagé par le chagrin, Léopold III prête le serment constitutionnel et devient le quatrième souverain Cobourg du pays. A ses côtés, il peut compter sur la présence d'Astrid, plus que jamais populaire et charismatique. Par-delà le drame familial, le pays connaît aussi une situation sociale et économique préoccupante. Les effets de la crise de 1929 continuent de se faire sentir et Astrid lance le célèbre « appel de la reine », un vaste mouvement de solidarité pour exhorter les Belges à venir en aide à ceux qui en ont le plus besoin. Pendant qu'Astrid collecte les dons à l'hôtel Bellevue qui jouxte le palais royal de Bruxelles, des bruits de bottes se font de plus en plus assourdissants à travers l'Europe. Staline en URSS, Hitler en Allemagne, et Mussolini en Italie, le pays dont la propre sœur de Léopold III, une autre Cobourg, a épousé le prince héritier.

Le 6 juin 1934, la naissance du petit prince Albert renforce encore la popularité de la famille royale qui incarne, aux yeux de nombreux Belges, une garantie pour l'avenir. Mais l'implacable loi des séries ne fait que commencer. Le 29 août 1935, Léopold et Astrid sont en vacances en Suisse. Le roi cherche un renseignement relatif à l'itinéraire. Astrid ne s'y retrouve pas sur la carte et Léopold se penche une petite seconde. Une seconde d'inattention, une seconde de trop… La voiture quitte la route et file droit dans un verger. La reine meurt sur le coup. En Belgique, le premier sentiment est l'incrédulité. Quelques mois à peine après l'accident qui a coûté la vie au roi Albert, un autre accident sera fatal à la reine. Léopold III est blessé et brisé. A Bruxelles, jamais on n'a connu une cérémonie funèbre aussi suivie : tout un peuple accompagnant la reine Astrid vers sa dernière demeure.

Sans le savoir, la monarchie vient de vivre ses derniers moments de grâce. A présent s'ouvre un nouvel âge de son histoire, une période qui sera beaucoup plus sombre. Pour le roi Léopold III, il s'agit autant de reprendre pied dans sa vie personnelle que d'assumer pleinement son rôle de souverain. A la fin de son règne, Albert Ier ne s'est pas privé de juger durement les hommes politiques qui placent leurs intérêts avant le bien commun. Pessimiste de nature, il voit d'un mauvais œil les orages se lever et craint que l'Europe ne connaisse une nouvelle épreuve telle qu'elle en avait vécu en 1914. Homme autoritaire de nature, le roi est convaincu de la nécessité de réformes profondes pour répondre aux exigences de l'époque. Le fossé qui sépare le souverain de son personnel politique se creuse au fil des mois. Mais dans les coulisses se nouent d'autres enjeux.

Sur le plan sentimental, il apparaît clairement que Léopold n'est pas un homme fait pour le célibat. Certains échotiers le fiancent déjà à des princesses étrangères dont (bon sang ne saurait mentir) une lointaine cousine Cobourg, Eudoxia de Bulgarie, tandis que d'autres murmurent qu'il entretient des relations discrètes et sans lendemain entre Bruxelles et Paris. Au château de Laeken, une femme suit de près la situation, la reine Elisabeth qui mesure la détresse affective du roi mais aussi les trois jeunes princes royaux qui grandissent, privés de la présence d'une mère.

Le déclenchement de la guerre marque le véritable point de rupture de Léopold III. Contrairement à son père, on ne met pas en cause la loyauté du souverain à la Belgique, et ce, malgré ses racines allemandes. Dès le début du conflit, Léopold III s'inspire de l'exemple paternel qu'il compte reproduire, un quart de siècle plus tard. Mais 1940 n'est pas 1914 et les choix posés par le roi vont plonger la monarchie dans une crise profonde. Comme en 1914, la reine Elisabeth reprend ses visites aux soldats et, toujours comme en 1914, le roi veut rester aux côtés de son armée. La campagne des dix-huit jours se conclut par la capitulation du 28 mai 1940. Alors que les Alliés condamnent la décision « précipitée et sans concertation préalable » du roi de capituler et le qualifient de traître à travers la voix de Paul Reynaud à la radio, Léopold III affronte aussi ses ministres qui le pressent de quitter le pays. Seul contre tous, le souverain choisit de rester en Belgique pour partager le sort de ses soldats. Le 27 mai 1940, la fameuse rencontre au château de Wynendaele consomme le divorce du souverain avec les politiques. Les ministres Pierlot et Spaak constatent que Léopold III ne changera pas d'avis, il restera en Belgique et ne prendra pas la route de l'exil. D'aucuns le soupçonnent même de vouloir mettre en place un régime fort dans son royaume avec la bénédiction des Allemands. Dès lors, Léopold III se considère comme prisonnier dans son château de Laeken. Ses partisans déclarent que l'attitude du souverain a empêché la nomination d'un maréchal Pétain à la belge et que le pays a été placé sous administration allemande. Ses adversaires ne lui pardonnent ni son entretien avec Adolf Hitler le 19 novembre 1940, ni son exil doré dans son propre palais tout au long de la guerre.

S'il avait vraiment voulu, le roi aurait été plus inspiré de prendre le chemin de l'exil ou de la prison, et surtout, il aurait pu s'abstenir de convoler une nouvelle fois en pleine occupation. Le 6 décembre 1941, l'opinion publique est abasourdie, du nord au sud du pays. Le cardinal Van Roey fait lire une lettre dans toutes les églises de Belgique. Celle-ci annonce le mariage du roi avec Mlle Lilian Baels, la fille du gouverneur de Flandre-Occidentale. Dès sa révélation au public, ce mariage divise profondément la population. On met en cause non seulement sa date mais aussi la personnalité de Lilian Baels qui, aux yeux de nombreux Belges, usurpe la place de la chère Astrid. Pour ne rien arranger, Lilian est une jeune et très belle femme. Ce que tout le monde ignore, c'est que le couple ne voulait pas que son histoire devienne publique, mais la naissance du prince Alexandre, le 18 juillet 1942, avait rendu indispensable l'officialisation de leur relation.

Le nouveau couple royal prend pourtant des précautions afin de limiter les conséquences de ses actes. Il est décidé que Lilian prendrait le titre de princesse, qu'elle ne serait jamais reine et que ses enfants ne pourraient jamais prétendre à la couronne de Belgique. Elle est titrée princesse de Réthy et est « condamnée » à ne pas apparaître au premier plan de la famille royale. Cela, c'est pour la théorie. En pratique, Lilian occupe une place centrale dans la famille. Elle devient aussi une grande sœur pour Joséphine-Charlotte ainsi qu'une maman de substitution pour les princes Baudouin et Albert.

Tandis que le drapeau à croix gammée flotte sur le château de Laeken, Léopold III et Lilian apparaissaient de plus en plus comme des otages potentiels aux yeux des Allemands. En juin 1944, le roi est déporté par les Allemands et séparé de sa famille. Dès le lendemain, celle-ci prend la route pour le rejoindre. Commença alors la détention au château de Hirchstein en Saxe, puis à Strobl en Autriche. La famille est libérée le 7 mai 1945 mais, pour autant, il n'est pas question d'un retour immédiat en Belgique, comme Léopold III l'imaginait. Le fossé entre le monde politique revenu au pays et le roi est devenu trop profond pour que le souverain envisage de reprendre le cours de son règne comme si de rien n'était. C'est d'autant plus impossible qu'à Bruxelles, un autre membre de la famille Cobourg a été désigné à la tête de l'Etat.

Le frère de Léopold III, le prince Charles, avait choisi la fuite pour ne pas tomber entre les mains des Allemands. A la fin de la guerre, il avait pris le maquis en changeant d'identité et en se réfugiant dans une petite ferme de Sart-lez-Spa. Un comportement qui va le mener aux marches du trône. Avec 217 votes positifs et 47 abstentions… sans oublier la bénédiction des Alliés, le prince est nommé régent du royaume le 20 septembre 1944. Pour son frère contesté avec lequel il rompt tout contact, commencent cinq années d'exil dans la ville Le Reposoir en Suisse avant un retour au pays en 1950. A l'issue d'un référendum passionné et unique dans l'histoire du royaume, le peuple belge s'est prononcé pour un retour du roi sur le trône mais il a aussi révélé un profond clivage entre le

Nord, largement favorable au souverain en titre, et le Sud, beaucoup plus opposé à son retour aux affaires. Face aux troubles qui surgissent à travers le pays et aux actions de violence dans les rues, Léopold III préfère se retirer au profit de son fils Baudouin Ier qui lui succède en 1950.

Le cinquième roi Cobourg des Belges n'a que vingt ans quand il monte sur le trône. Depuis l'arrivée de la dynastie en Belgique, la couronne connaît sa crise la plus grave mais c'est davantage le personnage de Léopold III qui est remis en cause, plutôt que la légitimité de la famille royale. La Question royale, telle qu'elle entre dans l'Histoire, est vécue comme un traumatisme par le pays et contraint Léopold III à se retirer de la scène publique. Dans les cercles du pouvoir, il se dit pourtant que, depuis son cher château de Laeken qu'il a enfin retrouvé, il continue d'influencer l'action de son fils. Les adversaires de la monarchie ou de Léopold III affirment qu'il y a désormais deux rois en Belgique… ce qui en fait un de trop.

Officiellement, Léopold III se consacre à ses voyages et à sa famille qui s'est élargie. Marie-Christine est née en 1951, suivie de Marie-Esmeralda en 1956. Baudouin est encore célibataire et, aux yeux de beaucoup, Lilian apparaît comme une reine officieuse, ou, du moins, une *First Lady* belge à l'élégance parfaite et au physique de star de cinéma qui n'est pas sans évoquer la mythique Ava Gardner. Cette situation inédite de dyarchie royale dure une dizaine d'années. En 1959, le prince Albert épouse une ravissante Italienne nommée Don Ruffo di Calabria mais Baudouin reste désespérément célibataire. La princesse Lilian a beau déployer ses talents de marieuse et le présenter à tous les beaux partis du gotha, le jeune souverain reste de marbre. La baraka matrimoniale de Cobourg appartient-elle au passé ?

Sans consulter ses parents, le souverain s'est ouvert de son désir de mariage au cardinal Suenens qui a confié une mission exploratoire à une mystérieuse sœur irlandaise, Veronica O'Brien. Très pieux, Baudouin veut trouver la femme qui partagera non seulement sa couronne mais aussi sa foi et ses engagements humains. La perle rare se trouve du côté de Madrid et porte le nom de Dona Fabiola de Mora y Aragon. Les deux jeunes gens se rencontrent, Léopold III et Lilian ne sont même pas informés de ces démarches. En quelques semaines, le Belge et l'Espagnole sont convaincus d'être faits l'un pour l'autre. A Laeken, le roi déchu et son épouse sont les premiers surpris quand le roi annonce sa volonté de convoler en justes noces avec cette inconnue. Comme souvent chez les Cobourg, c'est d'un mariage que va naître une nouvelle révolution de famille.

Le 15 décembre 1960, l'union de Baudouin avec la reine Fabiola bouleverse l'équilibre que la famille royale recomposée avait fini par trouver. Léopold et Lilian sont priés de quitter rapidement leur cher château de Laeken pour déménager au domaine d'Argenteuil, une gentilhommière champêtre des environs de Bruxelles. Du jour au lendemain, l'ancien roi et sa famille sont ostracisés de la vie publique et relégués à l'exil intérieur. Le message est clair, il ne reste plus en Belgique qu'un roi et une reine et ceux-ci s'appellent Baudouin et Fabiola.

Contraint par les circonstances, Léopold III s'éloigne définitivement des affaires mais il a encore la force de se composer une nouvelle vie. Désormais, il se consacre à ses activités d'explorateur et devient un photographe de grand talent. Le virus de la photo lui avait été légué par sa mère, la reine Elisabeth, qui s'est bien gardée de prendre publiquement parti dans le « divorce » qui a séparé son fils et son petit-fils. Toujours consciente des devoirs liés à l'Etat, Elisabeth est restée fidèle à sa ligne de conduite. Ce qui ne l'empêche pas d'essayer de jouer son rôle conciliateur en coulisses. La famille de Léopold III est à ce point absente de la vie officielle que les Belges en viennent même à l'oublier. En 1983, Léopold III succombe à un malaise cardiaque, quelques mois après son frère Charles, l'ancien régent, qu'il n'a jamais revu. Près de quarante ans après la fin de la guerre, les Cobourg de Belgique n'ont pas encore pansé les plaies du passé ni guéri les fractures de l'Histoire.

24

A Sofia, la locomotive de Boris III des Bulgares

Un personnage charismatique, une vie de roman et une fin nimbée de mystère, Boris III a laissé une trace indélébile dans l'histoire de la Bulgarie. Il est resté comme le Cobourg qui aimait les trains, un souverain populaire dans une Europe en guerre.

Comme l'exige la tradition, cent un coups de canon annoncent la naissance d'un prince au palais de Sofia. Le 30 janvier 1894, le prince Ferdinand et son épouse Marie-Louise sont fiers d'associer la nation à leur joie. Le bébé est prénommé Boris et titré prince de Tarnovo. Les choix du titre et du prénom sont liés au caractère bulgare du jeune prince. Mais cela ne suffit pas à faire oublier le véritable imbroglio religieux de ce territoire. Principauté orthodoxe placée sous la tutelle musulmane de l'Empire ottoman, la Bulgarie possède, à sa tête, un couple princier catholique. La situation est complexe et le petit prince baptisé selon le rite catholique pourrait être converti à l'orthodoxie. Il s'agirait non seulement de renforcer la popularité de la famille princière mais aussi d'adresser un signal d'apaisement au grand frère russe avec lequel les relations sont délicates.

Si cette conversion fera des heureux à Saint-Pétersbourg, il n'en va pas de même dans l'Europe des cours catholiques où la décision de Ferdinand provoque la réprobation générale. En agissant de la sorte, le prince deviendra un traître à sa foi. Malgré les oppositions familiales (et au premier rang d'entre elles, celle de sa mère), le petit prince est converti au rite orthodoxe. Comme pour appuyer ce qui apparaît d'abord comme un sacrement politique, c'est Nicolas II qui est choisi comme parrain. Furieuse, l'épouse de Ferdinand, la très catholique Marie-Louise de Bourbon-Parme, quitte le pays afin de marquer sa désapprobation. Mais rien ne peut faire fléchir le prince Cobourg lorsqu'il prend une décision.

La jeunesse de Boris est marquée par l'ombre de la mort. Il perd sa mère en 1899, alors qu'il n'a que cinq ans. Le petit garçon est confié aux soins de son énergique grand-mère, la princesse Clémentine d'Orléans, la fille du roi Louis-Philippe des Français. Il s'agit déjà d'une vieille dame de plus de quatre-vingts ans, façonnée par les épreuves de la vie et incapable d'apporter au prince la tendresse dont il a besoin. A la mort de la princesse en 1907, c'est le prince Ferdinand qui prend lui-même en main l'éducation du jeune prince. Fidèle à son tempérament, le souverain (devenu roi en 1908) exige une éducation stricte pour celui qui sera appelé à monter un jour sur le trône. Il n'y a pas beaucoup de place pour l'amusement dans un apprentissage qui se veut exemplaire en tous points. Boris reçoit une formation complète qui associe aussi la discipline militaire et une excellente maîtrise des langues étrangères.

Il n'est pas toujours simple de faire la différence entre les rapports roi et prince ou père et fils. Boris qualifie de prison le palais où il grandit et ne désigne son père que sous le nom de monarque. Ferdinand est un homme violent, lunatique et souvent cruel. Avec une forme de sadisme, il aime pousser les siens à bout, jusqu'à les faire pleurer en public. Il prive son fils des distractions les plus innocentes, ne lui permet pas de développer des relations amicales avec des enfants de son âge et le tient reclus, de peur qu'il ne fasse l'objet d'un attentat. La jeunesse de Boris n'est donc pas très heureuse mais elle représente le lot partagé par beaucoup de princes à l'époque.

Le souverain réussit cependant à lui communiquer des passions qui lui sont propres. Au premier plan d'entre elles figurent la nature et les sciences mais c'est la mécanique qui les réunit peut-être le plus. Dans une époque où le progrès est érigé en nouvelle religion industrielle, père et fils se passionnent pour les chemins de fer et les locomotives à vapeur. Afin de conquérir son indépendance, le prince n'a d'autres choix que de s'armer de patience pour pouvoir découvrir d'autres horizons. Il voyage en Italie et en Angleterre où il assiste au couronnement du roi George V. Il rend également visite à son parrain le tsar Nicolas II de Russie. Une visite au cours de laquelle il prend conscience de la fragilité de la vie. Durant son séjour, le Premier ministre russe Piotr Stolypine est assassiné à l'opéra de Kiev. Boris, qui assiste à la scène, en est durablement ébranlé. En même temps, le prince impressionne positivement tous ceux qui le rencontrent et améliore l'image de son pays sur l'échiquier diplomatique européen. Revenu au pays, il se montre un fervent orthodoxe et se révèle très actif lors de la première guerre balkanique. Si le premier conflit est une victoire éclatante pour les alliés balkaniques, la deuxième se révèle être une catastrophe pour le pays. Une nouvelle – et cuisante – leçon pour le prince qui se méfie désormais du langage des armes et des renversements d'alliance. Boris est un homme plus droit que son père, habitué aux circonvolutions de la politique et de la diplomatie. Les adversaires de Ferdinand poussent Boris à prendre le pouvoir au lendemain de cette déconfiture mais le prince refuse de trahir son père. Ce dernier engage la Bulgarie dans la Première Guerre mondiale auprès des Allemands et des Autrichiens. Comme le prince Boris s'oppose résolument à cette guerre, il est mis aux arrêts par son propre père. Mais on peut difficilement imaginer un prince héritier prisonnier de sa propre patrie en plein conflit. Après sa libération, il assume son rôle d'officier en mission auprès du Quartier général de l'armée bulgare où il se distingue par son comportement humain et sa grande simplicité. Contrairement à son père, Boris possède le don de se faire apprécier et il y gagne une grande popularité. Le choix de l'engagement militaire bulgare sera fatal au trône de Ferdinand, le roi ne pouvant décemment plus s'accrocher au pouvoir au lendemain de la cinglante défaite.

Isolé du reste de sa famille, Boris III entame un règne à haut risque dès 1918. Le jeune souverain doit faire face à une situation économique difficile, à de mauvaises récoltes ainsi qu'à l'émergence de forces de gauche révolutionnaires. Pourtant, la Bulgarie est le seul état vaincu de la Première Guerre mondiale qui réussit à conserver son système monarchique. L'Allemagne, l'Autriche et l'Empire ottoman ne peuvent pas en dire autant. Mais ce maintien sur le trône impose aussi des sacrifices. Boris III doit accepter l'arrivée au pouvoir de Stamboliyski, le leader de l'Union agrarienne. L'homme s'oppose à la monarchie et s'attire de nombreuses inimitiés dans la classe moyenne du pays. Il met en place une véritable dictature paysanne qui est renversée en 1923 par un coup d'Etat mettant en place un régime autoritaire. Soucieux de jouer son rôle de souverain constitutionnel, Boris III se trouve au cœur d'un jeu qu'il ne contrôle pas. Entre les insurrections communistes, les attaques de la Grèce et les tentatives d'assassinat, le pays est en proie à une instabilité chronique. Le 13 avril 1925, le tsar des Bulgares échappe de justesse à un attentat alors qu'il revient d'une partie de chasse au col d'Arabakonak. Tandis que plusieurs de ses proches perdent la vie, le souverain échappe au massacre par miracle. Trois jours plus tard, la cathédrale Sveta-Nedelya de Sofia accueille les funérailles du général Georgiev mort dans l'attentat. Déterminés à se débarrasser du Cobourg, les adversaires du régime ont placé des bombes dans la cathédrale. L'explosion fait 128 victimes et de nombreux blessés. Le maire de Sofia perd la vie dans l'explosion mais pas le roi Boris qui, par chance, est arrivé en retard à la cérémonie. Cette fois, le régime se lance dans une répression féroce, multipliant les arrestations et les exécutions. Plus que jamais, les Balkans apparaissent comme la poudrière de l'Europe. Boris III est conscient des risques mais il ne compte pas renoncer à sa charge. Au contraire, il sait qu'il bénéficie toujours d'une belle cote de popularité au sein du peuple et il veut se croire protégé par la Providence. Alors que ses gouvernements l'ont tenu éloigné du pouvoir, le jeune souverain a entrepris de voyager à travers le pays pour y rencontrer la population. Au sein du peuple on raconte avec fierté les actes de bravoure du souverain. Par exemple, ce jour d'été 1931 où il sauve six personnes de la noyade. Ou encore ce jour d'automne 1934 où il soigne un cheminot blessé et où il a piloté lui-même la locomotive. Le mythe du roi-cheminot est lancé à belle allure. Autant d'actes héroïques qui font la légende de Boris.

Ses actions envers les plus défavorisés et son engagement sur le plan international renforcent encore son crédit. En

1926, il entreprend un grand périple à l'étranger qui le mène en Suisse, en France ou encore en Allemagne où il rencontre le président Hindenburg. Il en profite aussi pour aller saluer ses cousins Cobourg à Bruxelles où il rencontre le roi Albert Ier et à Londres où il évoque la situation politique européenne avec George V, entre deux chasses et les très solennelles réceptions dont la couronne britannique a le secret. A Rome, il rencontre Benito Mussolini qui le complimente sur son action politique, tout en le mettant en garde de ne pas prolonger son régime autoritaire. A ses yeux, ce régime ne peut être que transitoire. Il l'exhorte à revenir dans la légalité aussitôt qu'il le pourra. Mais ces voyages diplomatiques cachent aussi d'autres tractations, nettement plus romantiques. A trente ans, il est grand temps pour le roi de trouver une épouse et c'est la troisième fille du roi Victor-Emmanuel III d'Italie qui fait battre son cœur. Il attend le mariage du prince héritier Umberto avec une princesse Cobourg, la princesse Marie-José de Belgique, pour faire sa demande. Une fois de plus, la politique matrimoniale Cobourg est à l'œuvre. Mais comme toujours en Bulgarie, la question de la religion se pose. Pour la Constitution bulgare, l'héritier doit être baptisé et élevé dans la foi orthodoxe, ce qui est totalement inenvisageable pour l'Eglise romaine. Pour finir, un accord est conclu grâce aux bons offices d'Angelo Roncalli, le nonce apostolique en Bulgarie. Le futur Jean XXIII parvient à un compromis empreint de sagesse qui en dit long sur son habileté diplomatique. Un mariage catholique est célébré à Assise, suivi par un autre, orthodoxe, à Sofia. Finalement et contre la volonté du Vatican, les deux enfants du couple (Marie-Louise et Siméon) sont baptisés dans la foi orthodoxe. Malgré les menaces, la reine Jeanne ne sera pas excommuniée. Son comportement courageux lui gagne aussi l'affection de son nouveau peuple.

Quatre ans après les noces, un nouveau coup d'Etat militaire vise cette fois à renverser la couronne et instaurer un Etat autoritaire. Le Zveno rassemble des intellectuels et des militaires, déterminés à changer le visage de la Bulgarie pour en faire un régime corporatiste. Boris III sort vainqueur de cette partie de bras de fer et ne voit plus d'autre solution que d'instaurer une dictature royale pour empêcher un nouveau coup d'Etat. C'est là tout le paradoxe d'un souverain opposé aux méthodes brutales qui se voit obligé de prendre de force le pouvoir comme un putschiste. Il considère que ce régime d'exception ne sera que transitoire, conformément aux propos qu'il avait tenus à Mussolini. Petit à petit, il rétablit des libertés civiles et, en 1938, l'Assemblée nationale est rétablie. En fait, le roi poursuit une seule ambition, celle d'établir des relations durables et solides avec les démocraties européennes.

Snobé par ses cousins du gotha, il n'a d'autre choix que d'intensifier ses relations économiques et commerciales avec l'Allemagne nazie dont il réprouve pourtant le régime au plus profond de son être. Mais quand il demande une aide pour réarmer la Bulgarie face aux menaces turques, il ne trouve que l'Allemagne pour répondre favorablement à sa demande. En contrepartie, les nazis comptent sur les Bulgares pour l'approvisionnement en nourriture. Boris III s'inquiète de voir son pays glisser dans l'orbite allemande. Il prend son bâton de pèlerin pour aller plaider la cause de la Bulgarie auprès des démocraties occidentales qui, une fois de plus, font la sourde oreille. Il joue un rôle de médiateur dans la crise des Sudètes. En revanche, il soutient les sanctions prises par la Société des Nations après l'invasion de l'Ethiopie par l'Italie. Mussolini essaie de jouer sur l'argument des liens familiaux qui unissent les deux familles royales mais

Boris III refuse de situer la question sur un plan affectif et familial. Le tsar des Bulgares continue d'appuyer les revendications territoriales de son pays. Une attitude qui provoque la méfiance de ses voisins, même si Boris veut privilégier une démarche diplomatique.

Quand éclate la guerre, la Bulgarie se trouve dans une situation précaire. Certains prônent un engagement auprès de l'Allemagne qui promet la restitution des territoires perdus. D'autres se méfient d'une nouvelle alliance avec le Reich. En 1940, c'est un Boris III désabusé qui prononce ces paroles qui entrent dans l'Histoire : « Mes généraux sont germanophiles, mes diplomates anglophiles ; la reine est italophile et mon peuple russophile. Je suis seul neutre en Bulgarie. » Adolf Hitler entend peser de tout son poids sur la politique bulgare. Il considère Boris III comme un allié de poids, d'autant plus que la Bulgarie a récupéré la région de la Dobroudja du Sud. Mais si le Cobourg se montre courtois envers le chancelier Hitler, il repousse tout aussi courtoisement les propositions du dictateur. Il refuse de participer à l'invasion de la Grèce, tout comme il rejette la proposition de rejoindre le Pacte.

Boris se retrouve dès lors coincé entre les nazis et les Soviétiques. Avec adresse, il refuse successivement les propositions de pacte qui émanent des deux côtés. Le tsar des Bulgares veut tenir son pays à l'écart des opérations militaires et il veut préserver les juifs bulgares des persécutions. En 1941, il est contraint d'adhérer au Pacte tripartite mais refuse de s'engager militairement dans le conflit. Le Cobourg accepte néanmoins de laisser passer les troupes allemandes par son pays tandis que ses hommes occupent les territoires de Thrace ou de Macédoine. Boris apparaît dès lors comme l'homme qui a réunifié le pays mais, dans sa collaboration avec l'Allemagne, il continue de refuser d'envoyer des troupes pour soutenir le Reich dans ses conquêtes sur le front de l'Est.

Boris est devenu le roi équilibriste, celui qui essaie de maintenir l'indépendance de son pays, même si sa neutralité est perdue. La « question juive » se trouve au cœur de l'opposition entre Boris III et Hitler. La Bulgarie ne possède pas de tradition antisémite mais les nazis imposent un commissariat aux affaires juives qui proclame une série de mesures vexatoires comme le port de l'étoile jaune ou les limitations alimentaires. Face aux premières déportations, la population bulgare s'indigne et s'oppose à cette politique. Alors que le mécontentement croît dans le pays, Boris tient tête à Hitler. Il argue notamment qu'il a besoin des juifs pour l'entretien des rues. Dans l'immédiat, le Cobourg tient tête au maître du Reich mais pour combien de temps ? Le tsar des Bulgares n'a pas perdu l'espoir d'établir des alliances avec les puissances alliées. L'exemple de son père, détrôné au lendemain de la Première Guerre mondiale est encore frais dans son esprit. Cette fois, les rapports courtois avec Hitler tournent à l'aigre.

En 1943, Boris III se rend en Allemagne pour y mener une entrevue orageuse avec le Führer. Les discussions sont âpres, le Führer accusant le roi d'être un ingrat alors qu'il doit tout à l'Allemagne. Boris proteste de sa bonne foi mais le maître de l'Allemagne est furieux. Hitler le somme de participer à l'effort de guerre mais le souverain refuse obstinément. Après cette discussion difficile et même dramatique par son déroulement et sa violence, le Cobourg regagne son pays dans un avion allemand. Neuf jours plus tard, le souverain est saisi de fortes nausées et de vomissements. Contre toute attente, Boris III succombe le 28 août 1943 à l'âge de quarante-neuf ans. Nombreux sont ceux qui y voient la preuve d'un complot ourdi par les nazis. D'autres mettent en cause une attaque cardiaque suite à la pénible entrevue avec Hitler.

Une chose est sûre, le deuxième tsar de la Bulgarie moderne emporte son secret dans la tombe. Son jeune fils de six ans, Siméon II, lui succède, il sera le dernier tsar Cobourg de Bulgarie. En avril 1946, les communistes exhument le corps de Boris III du monastère de Rila où il reposait. Quelques mois plus tard, un référendum truqué chasse la famille royale qui se réfugie en Espagne. Pour les communistes, il s'agit de tout gommer de l'épisode monarchique et la purge royale se révèle sanglante. Cinquante-cinq ans plus tard, Siméon deviendra le Premier ministre d'une Bulgarie affranchie du régime communiste. Entre-temps, le corps de Boris III a été retrouvé et tous les honneurs lui ont été rendus. Dans le pays, le souvenir du tsar Cobourg mystérieusement disparu n'a jamais été effacé et sa popularité est restée grande, malgré un demi-siècle de communisme.

25

Les Cobourg aujourd'hui

Quel est l'héritage des Cobourg aujourd'hui en Europe ? Pour bien comprendre leur place, il faut les confronter avec les familles souveraines dont le nom se confond avec l'histoire du pays, comme c'est notamment le cas avec les Grimaldi de Monaco ou les Orange aux Pays-Bas. D'autres dynasties tiennent leur position actuelle des calculs dynastiques et des aléas de l'Histoire. C'est notamment le cas pour les Bourbon en Espagne ou les Bernadotte en Suède.

Parmi les multiples maisons princières qui ont essaimé à travers le continent (c'est notamment le cas au Danemark ou en Norvège), les Cobourg occupent une place particulière, pour ne pas dire unique. Tout d'abord, parce qu'ils sont toujours bien établis sur leur trône au Royaume-Uni et en Belgique. Même s'ils ont renoncé à leur patronyme depuis le désastre de la Première Guerre mondiale, ils restent à la barre de leurs Etats dans la droite ligne des enseignements jadis prodigués par le mentor Léopold. Des monarchies parlementaires et constitutionnelles et une volonté d'incarner le rôle d'arbitre de la nation, par-dessus la classe politique. En revanche, les liens familiaux se sont distendus avec le temps.

On ne règne plus au troisième millénaire comme le faisait Léopold Ier, navigant entre contrats matrimoniaux et subtiles négociations diplomatiques. Les rapports entre les différents rameaux de la famille sont plus distants. Et si la princesse Marie-Esmeralda, fille cadette du roi Léopold III des Belges, vit aujourd'hui à Londres, elle ne va pas pour autant prendre régulièrement le thé avec sa lointaine cousine la reine Elizabeth II. Avec le temps, les dynasties ont ancré leur dimension nationale en prenant soin de gommer leurs origines étrangères. Il n'en reste pas moins que l'Histoire est là pour nous rappeler leur itinéraire, quelquefois compliqué, dans le dédale des arbres généalogiques du gotha.

Aujourd'hui, les unions sont avant tout des mariages d'amour, même si certaines habitudes restent bien ancrées. La Belgique a été le théâtre du dernier mariage dynastique quand la princesse Joséphine-Charlotte, fille du roi Léopold III et de la reine Astrid, épousa Jean de Luxembourg en 1953. A l'époque, il s'agissait de resserrer les liens entre les deux pays qui avaient uni leurs destins au sein du Benelux. Plus tard, la princesse Astrid, fille d'Albert II et de Paola, a convolé avec le prince Lorenz de Habsbourg-Lorraine. Un mariage d'amour certes mais aussi une union dynastique que n'aurait pas désavouée l'aïeul Léopold. A Cobourg, c'est la descendance du prince Carl-Eduard qui continue d'incarner la continuité dynastique de l'ancien petit Etat. Mais il n'y a dans le chef des Cobourg cobourgeois pas l'ombre d'une ambition de restauration. Frédéric-Josias, né le 29 novembre 1918, fut le chef de la maison de Saxe-Cobourg et Gotha jusqu'à sa mort en 1998. Il se maria en 1942 avec la comtesse Victoria-Louise de Solms-Baruth dont il divorça en 1947, après la naissance du prince Andreas. Ce dernier est l'actuel chef de la maison ducale. Il a épousé

Carin Dabelstein qui a donné trois enfants à la branche aînée, dont Hubertus, né en 1975, le duc héritier, qui a épousé en 2009 l'Américaine Kelly Rondestvedt. Deux enfants, Katharina (née en 2014) et Philipp (né en 2015) sont venus couronner cette union. Après tout, rien n'a changé, chez les Cobourg, tout reste toujours une affaire de famille

Bibliographie

Georg Aumann et Harald Bachmann, *Coburg und Europa, Historische Gesellschaft Coburg* e.V., 2003.

Chantal Badts de Cugnac et Guy Coutande Saisse-Val, *Le Petit Gotha,* Paris, Institut Henri-V, 1993.

Erika Bestenreiner, *Die Frauen aus dem Hause Coburg*, Piper, 2011.

Charles-Napoléon Bonaparte, *Les Bonaparte. Des esprits rebelles*, Perrin, 2006.

Louise-Ghyslaine Bricmont-Barre, *Le prince Charles m'a dit*, Editions du Chardon bleu, 1993.

Carlo Bronne, *Lettres de Léopold Ier*, Charles Dessart, 1943.

Hebert Brunner et Lorenz Seelig, *Schloss Ehrenburg Coburg*, Bayerische Schöllserverwaltung, 2002.

Christian Cannuyer, *Belgique est leur nom*, Editions Illustra, Izegem, 1991.

Gerty Colin, *Rois et reines de Belgique*, Presses de la Cité, 1993.

Collectif, *Albert Prinz aus Coburg*, Cobourg, 2011.

Mario Danneels, *Paola, de la dolce vita à la couronne*, Luc Pire, 2000.

Pascale Dayez-Burgeon, *La Reine Astrid, histoire d'un mythe*, Criterion, 1995.

Olivier Defrance, *Léopold Ier et le Clan Cobourg*, Racine, 2004.

Pierre Delhasse, *Musique et passion. Le concours Reine-Elisabeth des origines à aujourd'hui,* Bruxelles, Le Cri/Vander, 1985.

Aleks Deseyne, *Beeldhouwerken Elisabeth,* Ostende, Provincie West-Vlaanderen, 1997.

Claude Désire et Marcel Jullian, *Un couple dans la tempête,* Albin Michel, 2004.

Georges-Henri Dumont, *La Dynastie belge,* Braine-l'Alleud, J.M. Collet, 1994.

—, *Elisabeth de Belgique,* Paris, Fayard, 1986.

Georges Dumortier, *Une petite musique de reine,* Bruxelles, Didier Ratier-RTBF Editions, 1991.

Willem Erauw, *Koningin Elisabeth over pacifisme, pantheisme en passie voor muziek,* Gand, Stichting Mens en Kultuur, 1995.

Karin Feuerstein-Prasser, *Die deutschen Kaiserinnen*, Piper, 2012.

Christophe de Fossa et André Van Daele, *Six reines,* Bruxelles, Racine, 1996.

Martine Foulon, *Elisabeth reine des Belges,* Bruxelles, J.M. Collet, 1988.

Jo Gérard, *Cinq reines pour la Belgique*, Bruxelles, J.M. Collet, 1982.

Franz Haarmann, *Das Haus Sachsen-Coburg und Gotha*, Börde Verlag Werl, 2011.

Hubertus Habel, *Kleine Coburger Stadtgeschichte*, Friedrich Pustet, 2009.

Sabine Heym, *Schloss und Park Rosenau*, Bayerische Schlösserverwaltung, 2011.

Mia Kerckvoorde, *Charlotte*, Duculot, 1980.

Mia Kerckvoorde, *Marie-Henriette*, Racine, 2001.

Christian Laporte, *Albert II, premier roi fédéral*, Editions Racine, 2003.

Madeleine Lassère, *Louise reine des Belges*, Perrin, 2006.

Stéphane de Lobkowicz, *Baudouin*, Bruxelles, J.M. Collet, 1994.

Louise de Belgique, *Autour des trônes que j'ai vus tomber*, Le Cri, 1997.

Frédéric de Lys, *Cette étonnante dynastie belge,* Bruxelles, Lombard, 1978.

Marie-José de Belgique, *Albert et Elisabeth de Belgique, mes parents*, Plon, 1971.

Geza Mattachich, *Folle par raison d'Etat*, Le Cri, 1998.
Lt-col. Monthaye, *Notre dynastie*, Rossel, 1910.
Luc Neuckermans et Pol van den Driessche, *Albert II sur les traces de Baudouin Ier*, Editions de La Longue Vue, 1995.
Thomas Nicklas, *Das Haus Sachsen-Coburg*, Kohlhammer Urban Taschenbücher, 2003.
Jacques Noterman, *Le Roi tué*, Jourdan le Clercq Editions, 2004.
Dominique Paoli, *Henriette duchesse de Vendôme*, Racine, 2000.
Jacqueline de Peyrebrune, *Un amour dans l'ombre*, Tarmeye, 1991.
Evard Raskin, *Princesse Lilian*, Editions Luc Pire, 1999.
Luciano Regalo, *Marie-José de Savoie, la reine de mai*, Racine, 2001.
Philippe Séguy et Antoine Michelland, *Fabiola la reine blanche*, Bayard Editions, 1995.
Stéphanie de Belgique, *Je devais être impératrice*, Le Cri, 1997.
Pierre Stéphany et Henri Van Daele, *Cinq rois,* Bruxelles, Duculot, 1989.
Michel Stochem, *La Chapelle musicale Reine-Elisabeth,* Paris/ Louvain-La-Neuve, Duculot, 1993.
Cardinal Suenens, *Le Roi Baudouin, une vie qui nous parle*, FIAT, 1995.
Marie-Rose Thielemans et Emile Vandewoude, *Le Roi Albert au travers de ses lettres inédites, 1882-1916,* Bruxelles, Office international de librairie, 1982.
Jacques Üffergeld, *Albert Ier*, Bruxelles, J. M. Collet, 1984.
Valet de Léopold II, *La Vie cachée de Léopold II*, Jourdan le Clercq, 2004.
Jan Van den Berghe, *De Stoeterij van Europa*, De Bezige Bij Antwerpen, 2014.
Mark Van den Wijngaert, Lieve Beullens et Dana Brants, *Pouvoir & Monarchie*, Editions Luc Pire, 2002.
Baronne de Vaughan, *Presque reine*, Le Cri, 1998.
—, *A 16 ans, j'étais la maîtresse du roi Léopold II*, Jourdan le Clercq, 2004.

Clodt von Pezold, *Schloss Niederfüllbach*, Coburger Landesstiftung, 2004.

Rita von Wangenheim, Baron Stockmar, Freiherr Christian Friedrich von Stockmar, 1996.

Jacques Willequet, *Albert Ier roi des Belges,* Bruxelles, Presses de Belgique, 1979.

Charles d'Ydenwaele, *Elisabeth de Belgique,* Paris, Flammarion, 1964.

Généalogies

Cobourg Europe

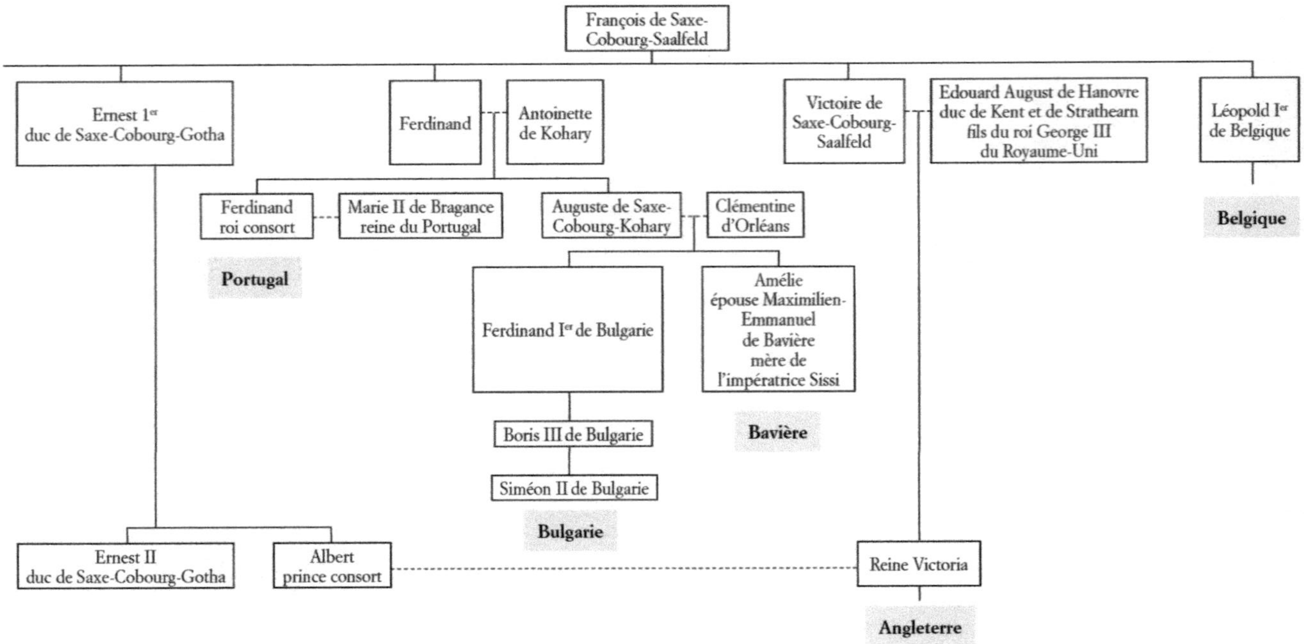

Dynastie belge

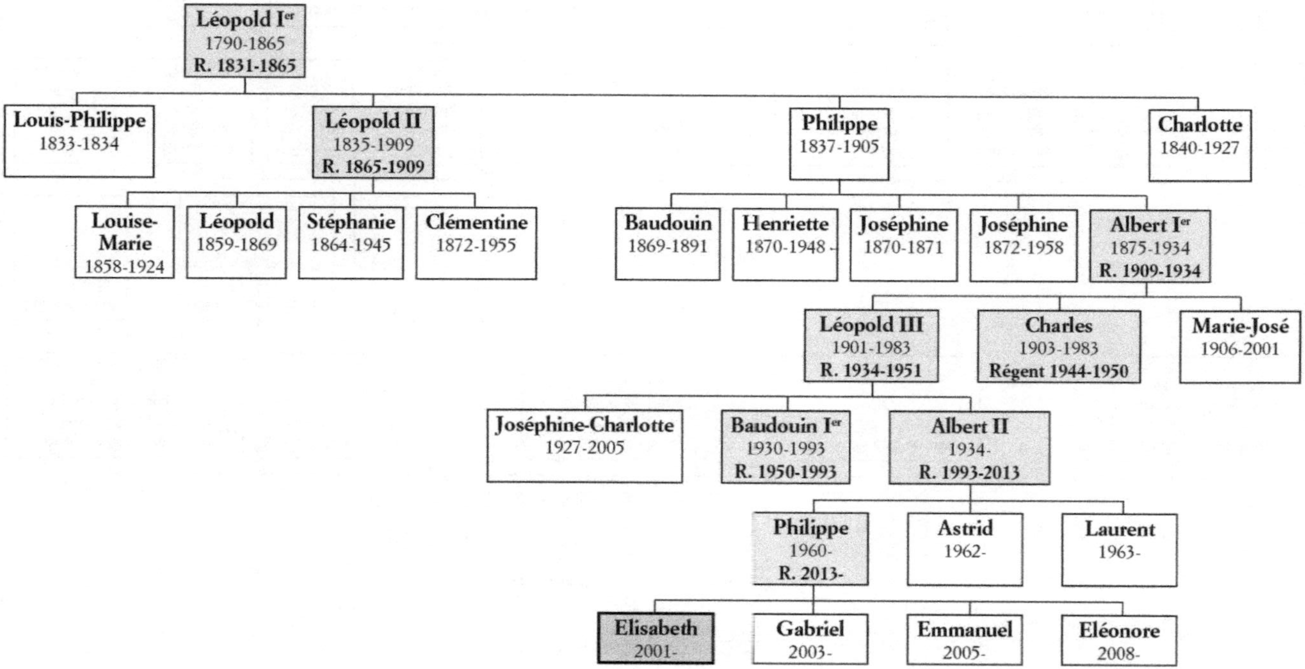

Cobourg Bulgarie

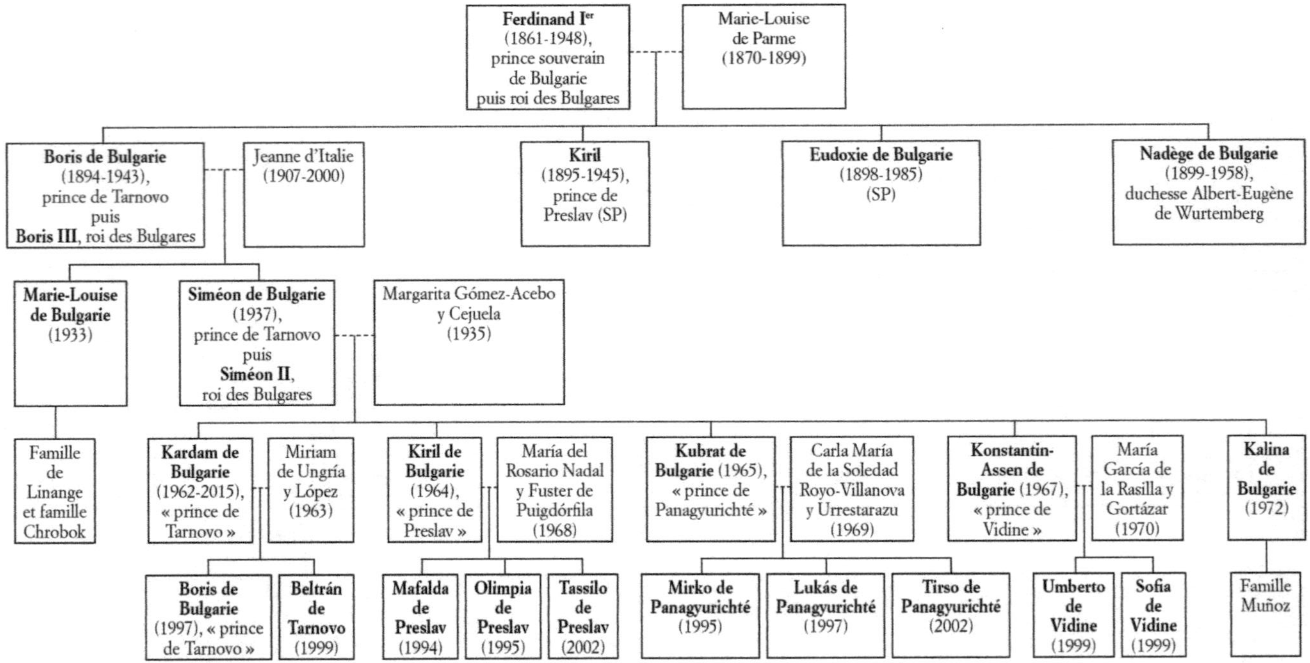

Cobourg Portugal

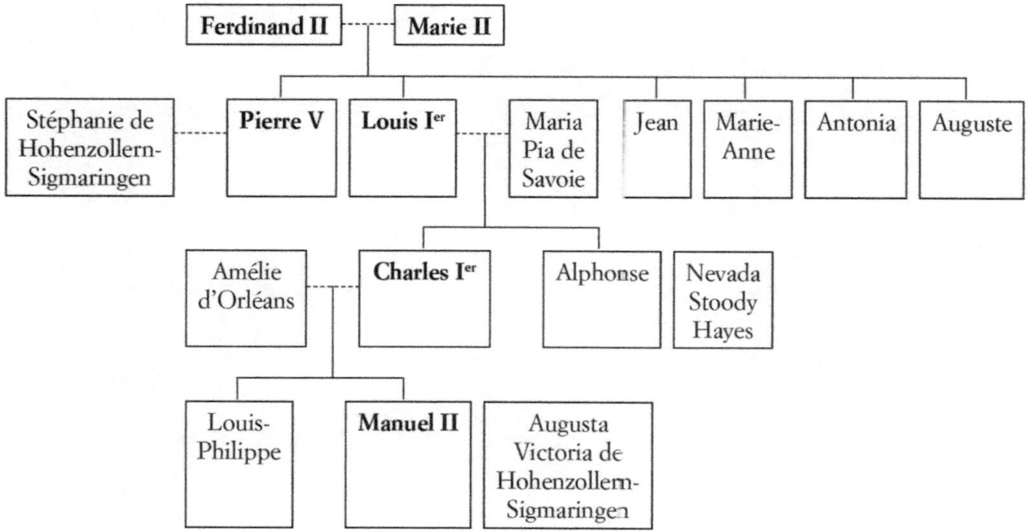

Remerciements

La gratitude de l'auteur est entièrement acquise aux personnes suivantes :

à leurs Altesses Royales, les princesses Esmeralda de Belgique et Marie-Gabrielle de Savoie,

à Clodt von Pezold pour ses informations sur Niederfüllbach,

aux responsables du service des archives du palais royal de Bruxelles,

au service des archives de la ville de Cobourg,

à Charlotte Liébert-Hellman qui fut à l'origine de l'aventure,

à Benoît Yvert pour sa confiance,

et, pour sa complicité et son amitié, à Jean des Cars.

Table

TROISIÈME PARTIE

VICTORIA, LA « MATRIARQUE » COBOURG